Mi pueblo, los amish

Los amish no son un pueblo monolítico. Hay grupos de los que resulta más difícil apartarse, en comparación con otros. Mi propio camino de salida de esa cultura fue bastante arduo. Al menos, eso pensaba hasta que leí la historia de Joe Keim.

Joe y Esther Keim emergieron de un lugar oscuro y duro, donde había que tomar decisiones difíciles en cuanto a la familia, la fe y lo que en verdad les importaba. Fue un camino tortuoso el que recorrieron, y pagaron un alto precio. Joe Keim nos habla de la fe y el coraje que les hizo seguir adelante en los momentos más oscuros. Sin embargo, no les bastó con su propia libertad; Joe y Esther Keim se dedicaron a ayudar a otros que recorrían el mismo camino que habían andado ellos. Hoy ministran a cientos de jóvenes amish desesperados por liberarse del lugar difícil y oscuro en el que se encuentran.

Esta es la singular historia del asombroso recorrido de un hombre que salió del mundo amish, un relato sin igual entre todos los que conozco.

Ira Wagler
Autor de *Growing Up Amish* [La niñez del Amish]

Si alguna vez has sentido curiosidad acerca de cómo funciona la vida de los amish, este libro es para ti. Joe cautiva a sus lectores desde la primera palabra, haciendo que queden pegados a las páginas, queriendo leer más. Una historia real, sincera, que conmueve, sobre la lucha de un hombre por seguir siendo amish. Es de lectura obligatoria para todo aquel con un remoto interés en la vida y las costumbres de los amish.

J. Spredemann
Autor de ficción sobre los amish

El libro de Joe Keim ha sido un espejo de gran parte de lo que yo viví cuando me alejé de la iglesia amish. Podría de veras sentir su frustración al tener que vivir bajo el gobierno absoluto de la iglesia, y el miedo a aventurarse a salir al desconocido mundo de los ingleses. La devastación de perder a toda tu familia y la única vida que has conocido es algo que uno siente por siempre.

Recomiendo su trabajo con Mission to Amish People [Misión al pueblo Amish]; me gustaría haber tenido a un ex amish para que me ayudara con mi transición hacia el mundo moderno.

Misty Griffin
Autora de *Tears of the Silenced* [Las lágrimas de los silenciados]

Joe Keim nos ha brindado una mirada sincera e intrigante al mundo y las decisiones de los amish. Sus descripciones de la vida en el antes y el después son tan simples y verdaderas como su presentación de la gracia y la fe en Cristo en las Escrituras. No esperaba nada menos de Joe.

Dandi Daley Mackall
Autora de *With Love, Wherever You Are* [Con amor, dondequiera que estés] - www.dandibooks.com

Hermanos, el deseo de mi corazón y mi oración a Dios por ellos es para su salvación. Porque yo testifico a su favor de que tienen celo de Dios, pero no conforme a un pleno conocimiento. Pues desconociendo la justicia de Dios y procurando establecer la suya propia, no se sometieron a la justicia de Dios. Porque Cristo es el fin de la ley para justicia a todo aquel que cree (Romanos 10:1-4).

Mi pueblo, los amish

La verdadera historia de un padre
y su hijo, ambos amish.

Joe Keim

Nos encanta oír de nuestros lectores. Por favor, escríbanos
a www.anekopress.com/questions si tiene preguntas,
comentarios o sugerencias.

Visite el sitio de Joe: www.mapministry.org

Mi pueblo, los amish — Joe Keim

Copyright © 2024

Primera edición publicada en 2017

Diseño de cubierta

Fotografía de cubierta

Traducción al español: Karin Förster Handley

Aneko Press

www.anekopress.com

Aneko Press, Life Sentence Publishing y nuestros logos son marcas registradas de
Life Sentence Publishing, Inc.
203 E. Birch Street
P.O. Box 652
Abbotsford, WI 54405

Biografía y autobiografía / Religioso

ISBN: 979-8-88936-346-0

ISBN e-book: 979-8-88936-347-7

Disponible donde se venden libros

Contents

Reconocimientos ix

Dedicatoria xi

Prólogo xiii

Cap. 1: De por qué soy amish 1

Cap. 2: La niñez del amish 9

Cap. 3: La vida en la escuela 23

Cap. 4: El idioma santo 27

Cap. 5: El servicio en la iglesia 35

Cap. 6: La huida 43

Cap. 7: El bautismo y la integración a la iglesia amish 53

Cap. 8: La vida y la muerte 59

Cap. 9: La vida fuera de control 73

Cap. 10: El don de la vida eterna 81

Cap. 11: El rechazo como castigo 91

Cap. 12: El matrimonio 97

Cap. 13: Los inicios 113

Cap. 14: La transición...119

Cap. 15: La familia...129

Cap. 16: El llamado de Dios.....................................137

Cap. 17: ¿Cómo llegamos a ellos, Señor?.................145

Cap. 18: La iglesia ex amish.....................................157

Cap. 19: El alcance de MAP.......................................161

Cap. 20: Problemas con la autoridad.........................171

Cap. 21: Dificultades y bendiciones...........................181

Cap. 22: A los ojos de Dios..195

Apénd. A: Mi perfecto Padre......................................201

Apénd. B: Preguntas para David antes de noviar con Rachel.......205

Apénd. C: Preguntas para David sobre el matrimonio.................207

Apénd. D: Breve reseña de la conferencia.......................213

Apénd. E: Versículos de la Biblia para estudiar y conversar.........215

Apénd. F: Cursos gratis de estudio de correspondencia bíblica...221

Acerca del autor...223

Fotografías...225

Reconocimientos

P or muchos años soñé con escribir un libro sobre mi vida, pero el miedo a no poder terminarlo me impedía empezar. Un día me di cuenta de que era el momento de escribir. Me senté frente a mi computadora y mis dedos comenzaron a teclear. En poco tiempo había escrito veinte páginas; pero luego sucedió. La computadora falló y las veinte páginas desaparecieron en el aire. Tiré la toalla y olvidé la idea de escribir un libro.

Después de varios años, Jeremiah Zeiset de Aneko Press, el editor de mi libro, me animó a escribir mi historia. Cuando lo rechacé, me sugirió que colaborara con la escritora Donna Sundblad. Entonces, con entrevistas semanales, *Mi pueblo, los amish* se ha convertido en una realidad.

Gracias, Jeremiah Zeiset, por tu continuo aliento durante la escritura y reescritura y por las muchas horas que invertiste en supervisar todo el proyecto. ¡Sabes cómo hacer que las cosas sucedan!

Gracias, Donna Sundblad, por la energía y la pasión que sacaste de mí. Siempre estaré agradecido por las conversaciones telefónicas del viernes por la mañana mientras reíamos y llorábamos durante todo el tiempo que trabajamos en este libro. Gracias, Sheila Wilkinson, por las muchas horas que dedicaste a editar y corregir nuestro manuscrito. Gracias, Bob Openshaw, por viajar de California a Pensilvania para captar la foto perfecta para la portada de mi libro. He sido bendecido por su amistad y generosidad.

Abner y Gideon Zook, gracias por su disposición a convertirse en el padre y el hijo de mi portada. No solo fueron una representación perfecta de mí y de mi amado padre, sino que enriquecieron mi vida espiritual con su fuerte fe y su capacidad de pensar fuera de lo común.

Gracias, Natalia Hawthorne, por todo el tiempo que dedicaste a hacer que la portada del libro destaque, esforzándote en cuidar hasta el más mínimo detalle.

Gracias a mi amada esposa, Esther Keim, por las numerosas veces en que me ayudó a encontrar cantidad de ideas para entender bien la historia. Gracias a mis hijos, Jonathan y Rachel, a mi yerno, David Garwood, y a mi futura nuera, Havilah Justice, por los papeles que desempeñaron en el libro. Cada uno de ustedes trajo perfección a Mi pueblo, los amish.

Por último, pero no menos importante, quiero agradecer a Jerry y Carol Gess, Shawn y Debbie Strong y Brian y Rene' Budd por llenar ese importante vacío familiar en nuestras vidas. Gracias pastor John Bouquet por ser nuestro pastor familiar durante treinta años. Gracias a mis hermanos y sus esposas, William y Jenica Keim, Johnny y Miriam Keim y Perry y Maryann Keim por todo lo que hacen para apoyar al ministerio. Gracias personal, voluntarios, donantes, misioneros, miembros de la junta directiva y guerreros de oración por su inestimable colaboración y sus corazones de servicio. Juntos nos hemos convertido en un ejército gigante en la obra del Señor. Miles de amish han entregado sus vidas a Jesucristo porque decidimos unirnos y permanecer fieles hasta el final. Pronto nos regocijaremos del esfuerzo de nuestro trabajo.

Primero, me gustaría dedicar este libro a mi dulce esposa, a nuestros hijos y nietos. Son el regalo más preciado que Dios me ha dado en la tierra. Con temor y temblor les he transmitido la fe. No la dejen caer. Aviven las llamas. Transmítanla. En segundo lugar, dedico este libro a todos los padres e hijos que han trabajado tan duro y diligentemente para superar las luchas relacionales. ¡Dios los bendiga!

Por tanto, puesto que tenemos en derredor nuestro tan gran nube de testigos, despojémonos también de todo peso y del pecado que tan fácilmente nos envuelve, y corramos con paciencia la carrera que tenemos por delante, puestos los ojos en Jesús, el autor y consumador de la fe, quien por el gozo puesto delante de Él soportó la cruz, despreciando la vergüenza, y se ha sentado a la diestra del trono de Dios (Hebreos 12:1-2).

Prólogo

Desperté sobresaltado ese domingo por la mañana. Pronto empezarían los servicios en la iglesia ubicada del otro lado del campo, el mismo lugar en el que Esther y yo habíamos intercambiado nuestros votos matrimoniales nueve meses antes. Allí, en la cama, conversamos sobre nuestra decisión y arreglamos los planes de último momento.

— Joe, vas a tener que avisarles a mis padres que no iremos hoy a la iglesia —, me urgió ella.

Con dudas, me levanté de la cama y avancé hacia la parte de la casa que habitaban mis suegros, donde les informé que no iríamos al servicio esa mañana.

Mi suegro me miró y dijo:

— Entonces yo también me quedaré en casa.

"Eso no va a funcionar", pensé. Los que nos ayudarían a mudarnos vendrían a las 9:00 a. m.

— Está bien, iré a la iglesia — dije.

Con eso, mi suegro acordó asistir. Parecía que los padres de Esther sabían que planeábamos algo. Me vestí con la ropa de ir a la iglesia y comencé a cruzar el campo a pie, hacia donde ya se estaban reuniendo los demás. Esther se quedó en la casa para darles indicaciones a los amigos que nos ayudarían con la mudanza.

Cuando entré al granero en el que se hallaban los hombres, mi suegro me miró y asintió con la cabeza, como diciendo que se alegraba ante mi decisión.

Para las 8:40 a. m. todos los predicadores empezaron a dirigirse a la casa. Como el padre de Esther era predicador, estuvo entre los primeros en salir. Yo observaba. Apenas vi que entraba en la casa, giré sobre mis talones y salí rápidamente sin decirle nada a nadie. Salí corriendo por la puerta trasera, crucé el campo y entré en la casa donde unos amigos cargaban nuestras pertenencias en el camión.

Desde la ventana del primer piso arrojaban almohadas y ropa de cama hacia abajo. Otros corrían, recogiendo nuestras cosas para ponerlas en el camión. En tan solo quince minutos todas nuestras posesiones ya estaban cargadas.

Antes de salir le escribí una nota a mi suegro y a mis padres para explicarles por qué estábamos dejando a los amish. Temblaba sin control y lloraba con amargura. Cuando terminé, eché una mirada a la nota. No tenía sentido lo escrito, y rompí el papel. Escribí otra nota, y luego la tercera, y también las descarté. Mi corazón estaba tan apenado que supe que lo que escribiera sonaría a sinsentido para aquellos que quedaban allí. Sabía que volvería a causarles inmensa pena y dolor a mi padre y a mi madre. Sabía que esta sería la última vez que dejaba a los amish y que no volvería nunca más.

Capítulo 1

De por qué soy amish

Soy amish desde que nací y mi apellido, Keim, es judío. Aunque pueda parecer inusual, es un ejemplo de la forma en que Dios organiza las cosas, cómo va ubicando las piezas de nuestras vidas para crear Su historia, o como decimos nosotros, nuestra historia. En mi historia podemos encontrar piezas de ese rompecabezas ya a fines del siglo XVII, cuando un judío llamado Johannes Keim abordó un barco y partió rumbo a Norteamérica. Llegó a Germantown, Pensilvania, en 1698 y sin un centavo. Era soltero y tenía veintitrés años. Regresó a Alemania en 1701 y se casó en 1706. Volvió con su esposa a Norteamérica en 1707 y estableció el primer hogar de los Keim en el condado de Berks, cerca de Reading, en Pensilvania.

Esa familia Keim dio origen a la primera generación de Keim estadounidenses. Su hijo John Keim creció y formó su propia familia. Y el hijo de éste, Johannes Peter Keim, tuvo tres hijos pero su esposa falleció cuando todos eran pequeños. El mayor de esos tres varones, Nicholas, nació el 2 de febrero de 1768. A la muerte de su madre, el padre no podía atenderlo a él y sus hermanos menores. Como resultado, esos niños fueron adoptados por varios vecinos. El joven Nicholas trabajó para una familia amish y aprendió el modo de vida de los amish desde su niñez. Pasó a formar parte de una comunidad amish y fue el primer Keim amish, mi ancestro.

Podemos rastrear las raíces amish de mi familia en el condado de Holmes, en Ohio, donde crecieron mis abuelos, William y Laura Keim. Después de casarse y formar su familia decidieron dejar el área porque, según lo veía mi abuelo, la influencia del creciente negocio del turismo dejaría como huella un estilo de vida amish más liberal. Estos amish de mente liberal no tenían la tendencia a excomulgar y rechazar tanto como lo prefería mi abuelo, por lo que levantó a su familia de ocho hijos y se mudó a Ashland, Ohio, a unos sesenta y cinco kilómetros hacia el oeste, y allí compró una granja de unas 80 hectáreas. Fundaron allí la comunidad del Viejo Orden Amish, que sigue existiendo al día de hoy.

Mi padre era adolescente y había terminado la escuela. Estaba a punto de aprender bajo un mentor para algún día tener su propio negocio y llevarlo adelante, una práctica muy común en la cultura amish. Conozco muy poco sobre la niñez y adolescencia de mi padre, con excepción de que era el segundo de los hijos de la familia. Apenas hablaba sobre su niñez, pero dijo en una ocasión que le costó dejar a sus amigos y primos cuando se mudaron del condado de Holmes.

Cuando tenía poco más de veinte años, reclutaron a mi padre y lo presionaron para que se uniera al ejército que iría a Vietnam. Como muchos otros jóvenes amish, se negó a pelear en la guerra, por lo que las autoridades externas lo arrestaron y lo enviaron a prisión durante más de un año. Mientras estuvo en la cárcel fue objeto de burlas y desprecio a causa de sus creencias, por lo que fue un período difícil y lleno de pruebas para él. La soledad le pesaba porque se sentía desconectado de su familia y su cultura. Creo que papá nunca pudo reponerse de lo que vivió en esa época de su joven vida.

La nueva comunidad de Ashland, Ohio, creció hasta abarcar a varios cientos de familias, y las granjas bien cuidadas pertenecían a lo que muchos de los que vivían allí consideraban el Viejo, Viejo Orden, porque mi familia era todavía más conservadora que los del Viejo Orden del condado de Holmes. Al ser los primeros en mudarse a Ashland, armaron su propia lista de cosas permitidas y prohibidas, algo que las iglesias amish llaman la Carta de Ordenanzas. Estas reglas eran más conservadoras que la lista anterior y afectaban a todas las cosas, desde el código de vestimenta hasta sus carros, e incluso reglamentaba las prácticas agrícolas y las casas. Por ejemplo, no se permitían las mangas cortas o el frente todo abotonado de las camisas porque era algo demasiado mundano. En cambio, podíamos tener solo tres botones y el cuello de las camisas debía ser recto y sin dobleces.

En Ashland se requería que las mujeres llevaran cofias más grandes que las que se usaban en el condado de Holmes, donde las mujeres podían tener tres o cuatro veces más la cantidad de pliegues, con lo cual sus cofias se veían más bellas. Las cofias del condado de Holmes eran más pequeñas y dejaban ver más cabello al frente. En Ashland, los hombres debíamos llevar sombreros con ala de nueve centímetros, en tanto que en Holmes el ala era de ocho. Cuando más ancha el ala, más conservador. Al salir de la propiedad había que llevar puesto ese sombrero o esa cofia. Los amish del condado de Holmes andaban por allí en el pueblo sin sombreros ni cofias y por esta razón, y otras parecidas, mis abuelos se fueron del condado de Holmes y armaron la Carta de Ordenanzas de Ashland, mucho más conservadora.

La comunidad de Ashland creció rápidamente y se extendió hasta otros condados. Los amish que buscaban un grupo más conservador viajaban desde distintas partes del país, hacían votos de someterse a la Carta de Ordenanzas de Ashland y se convertían en miembros de la iglesia. Una buena cantidad provenía del área del condado de Holmes. Eran familias numerosas y a medida que se ampliaban, las familias celebraban matrimonios y fue aumentando la cantidad de distritos.

Los que viven en la comunidad de Ashland se enorgullecen de que les consideren aún más conservadores que los del Viejo Orden. Como dije, se puede saber cuán conservadora es una comunidad por el estilo de sus sombreros y cofias, pero incluso se puede saber bastante acerca de la comunidad amish cuando se ve el color de sus cortinas. Por ejemplo, en el condado de Holmes las cortinas de las casas pueden ser blancas o de algún otro color claro. En Ashland se permiten solamente las de color azul oscuro o negro.

En el año 2000, la floreciente comunidad de Ashland perdió una cantidad de familias debido a un choque de la cultura amish con la reglamentación estatal que regula la caza. El gran problema era el color naranja que debían vestir los cazadores. La comunidad amish de Ashland ni siquiera permitía que sus carros portaran los triángulos anaranjados de seguridad y la ley requería que los cazadores vistieran ropa con franjas de color naranja de determinado ancho. Los amish no dieron el brazo a torcer, en la creencia de que el naranja vivo es un color mundano que desagrada a Dios con un olor inmundo.

La ley de los amish a menudo choca con la ley del lugar, y muchas veces es la ley de los amish la que gana. En algunos casos esto puede ser bueno y en otros, no tanto. Los amish, como sus antepasados anabaptistas, son muy determinados y férreos defensores de sus creencias. A muchos los han multado, encarcelado y obligado a dejar sus propiedades porque se han negado a comprar permisos de construcción, a instalar alarmas contra incendios o a cumplir con las normas que regulan la instalación de caños de agua. Los amish creen que una vez que acuerdan obedecer una regla de la iglesia y la registran en la Carta de Ordenanzas, queda registrada tanto en la tierra como en los cielos. Utilizan para ello la conversación que tuvo Jesús con Pedro: Yo te daré las llaves del reino de los cielos; y lo que ates en la tierra, será atado en los cielos; y lo que desates en la tierra, será desatado en los cielos (Mateo 16:19).

La caza de ciervos en Ashland constituía el suceso más entretenido del año. Muchos hombres y muchachos formaban grupos de diez o más para rodear un área del bosque. La mitad de los del equipo comenzaban desde uno de los extremos del bosque, gritando para que los ciervos cruzaran al otro lado, donde estaban los demás miembros del equipo esperando para dispararles cuando aparecieran. No solo les resultaba molesto a nuestros vecinos ingleses[1], sino que también el guardabosque se sentía frustrado porque debía multar a los cazadores, que no llevaban ropa con franjas de color naranja. Un año, el guardabosque estaba tan molesto y frustrado que recorrió todas las granjas del condado de Ashland pidiendo a los cazadores que acudieran a un determinado lugar un día a la hora indicada. Cuando aparecieron todos, el guardabosque los multó a todos porque no llevaban ropas con color naranja. Y como resultado de ello muchos amish se fueron de Ashland porque allí ya no podían cazar.

Pero no fue esa la única razón por la que hubo familias que se fueron. Las peleas por pequeñeces se fueron transformando en grandes problemas a lo largo de los años y eso entristecía a las familias que quedaban e hizo que buscaran ayuda donde pudieran. Invitaron a hombres sabios de otras comunidades amish para que vinieran a reunirse con las familias que quedaban.

Llegó finalmente el día de la reunión. Cada familia que llegaba con su carro parecía anunciarse con el apagado sonido de

---

1   N. de T: Así es como llaman a los que no son amish.

los cascos de los caballos y el leve crujir de las ruedas con rayos de acero. Dejaban sus carros y con gesto serio se dirigían al área de reunión en la parte superior del granero. Los hombres y las mujeres se sentaron en los bancos de dura madera, de cara a los sabios, y se quitaron los sombreros y cofias. Cuando se dio inicio a la reunión, los hombres les pidieron a los de la comunidad que mencionaran los problemas que tanto aquejaban a esta comunidad amish, antes tan activa. Uno tras otro, todos fueron contando lo que había en sus corazones. Algunos, enojados. Otros, frustrados y confundidos. Finalmente hizo uso de la palabra el último de los miembros. Cuando tomó asiento en su lugar, todos hicieron silencio. Se oía solamente el piar de los gorriones y el murmullo de las palomas que volaban de viga en viga mientras la gente esperaba que se pusieran de pie los sabios y les dijeran en qué habían fracasado como comunidad.

Uno de los hombres, Jonas, se puso de pie y, tras aclararse la garganta, dijo:

— Amigos, escuchen con atención. Su problema no radica en si se puede o no llevar ropa de color naranja vivo mientras cazan ciervos; tampoco tiene que ver con que se tengan tarros de leche de gran capacidad, nada de eso tiene que ver con toda la división y el enojo que hay en esta comunidad —. Esperó un momento para que pudieran sopesar sus palabras. — Toda esta confusión, enojo, amargura y división podrían haberse evitado fácilmente si hubieran obedecido a Dios cuando dijo: Amarás a tu prójimo como a ti mismo (Marcos 12:31).

Lo que habían perdido era su primer amor y el amor de los unos para con los otros. A medida que se inventaban más y más reglas para controlar la vida surgían las comparaciones y las discusiones menores. Cuando yo era niño nuestros vecinos, los Weaver, vinieron a casa para hablar de cosas de la iglesia. Mis padres nunca me dijeron cuáles eran esas cosas, pero sé que los Weaver estaban muy enojados, decididos a hacerse oír. La reunión de mis padres y los Weaver se hizo tan intensa que yo podía oír los gritos desde la otra edificación. Muchos de los que formaban la comunidad habían olvidado, o directamente ignoraban, la enseñanza del apóstol Pablo sobre su andar en Cristo.

...habiendo cancelado el documento de deuda que consistía en decretos contra nosotros y que nos era adverso, y lo ha quitado de en medio, clavándolo en la cruz...Por tanto, que nadie se constituya en juez de ustedes con respecto a comida o bebida, o en cuanto a día de fiesta, o luna nueva, o día de reposo (Colosenses 2:14, 16).

Este tipo de desacuerdos y tensiones suele causar división en muchas denominaciones, y en ese aspecto, los amish no son la excepción.

Capítulo 2

La niñez del amish

Ahora que he explicado por qué soy amish, quiero relatar algo acerca de quién soy. Me llamo Joe Keim y soy el mayor de catorce hermanos. Llevo el nombre de mi tío Joe. Uno de mis hermanos murió cuando tenía pocas semanas de vida, así que papá y mamá criaron a trece hijos. Si bien la mayoría de los amish dependen de una partera porque dan a luz en casa, mi llegada al mundo fue un tanto singular. Nací en un hospital. Nadie me dijo nunca por qué, pero siempre supuse que mi madre había tenido algunas complicaciones y que necesitaba estar en una atmósfera de hospital, por si algo salía mal.

Mi nacimiento en un hospital me recuerda una breve historia que, aunque es ficticia, echa algo de luz sobre la mentalidad amish.

Una abuela y un abuelo llegaron al hospital para visitar a su nuevo nieto. Fueron al segundo piso y se quedaron ante una ventana, donde veían a todos los recién nacidos en fila para que la gente que pasara por allí viera sus caritas. Primero, la abuela

y el abuelo intentaron decidir cuál de todos sería
su nieto. Cuando lo hallaron, lo apartaron del resto
diciendo: "Es un bebé tan afortunado. Podría haber
nacido en una familia inglesa, pero Dios lo favore-
ció al decidir otra cosa. Apenas logremos sacarlo
de este hospital, lo llevaremos a casa y le pondre-
mos ropa amish. Aprenderá el dialecto amish,
asistirá a la escuela amish y aprenderá a vivir como
amish. Cuando tenga edad suficiente se unirá a la
iglesia amish, se casará con una mujer amish, for-
mará una familia amish y morirá vestido con ropa
amish. Si logra hacer todo esto, y lo hace bien, tiene
buenas oportunidades de ir al Cielo".

A medida que yo crecía, llegaron más hijos a la familia. Mis
padres nunca me dijeron de dónde venían los bebés. Aparecían
misteriosamente. Cuando el parto se daba durante el día, papá
y mamá nos enviaban fuera de la casa y al volver ya teníamos
otro bebé recién nacido. En una ocasión nos enviaron a limpiar
las hojas de sorgo. El sorgo es una caña alta que se parece al
maíz, con semilla en forma de cono o piña, que tiene semillas
de tamaño BB.

Mientras salíamos en fila por la puerta, mi padre nos daba
órdenes estrictas a cada uno:

— No salgan del campo de sorgo hasta que yo les invite a
entrar de nuevo en la casa.

No teníamos idea de lo que estaba pasando y por eso obedecíamos las órdenes enseguida. Pasaron horas y horas mientras
les quitábamos las hojas a los tallos, uno tras otro. Nos dolían
las manos y teníamos el frente del cuerpo todo sucio de tierra.
Sentíamos hambre y el tiempo se había detenido."¿Nos había
abandonado nuestro padre? ¿Se había olvidado?".

Y de repente, de la nada apareció papá, con una enorme sonrisa en el rostro:

— Vengan— dijo. — Mamá y yo tenemos una sorpresa para todos ustedes.

Salimos del campo detrás de papá hacia la casa y él buscaba aumentar nuestro entusiasmo. Nos encantaban las sorpresas y estábamos impacientes por ver cuál sería esta. Cuando finalmente llegamos a la casa, papá nos llevó a la cocina, cruzamos la sala y fuimos al dormitorio de nuestros padres. Allí estaba mamá, acostada en la cama, con un pequeñito bebé a su lado. Mientras mirábamos con ojos grandes a nuestro nuevo hermano, mamá dijo simplemente:

— Un ángel lo dejó aquí.

En ese momento de mi vida yo creía todo lo que nos dijeran papá y mamá. Con todo el entusiasmo no se me ocurrió preguntar nada, sino que con alegría esperé mi turno para sostener en brazos a nuestro nuevo hermano. Salí de allí preguntándome cómo sería el ángel. ¿Tenía alas? ¿Cuánto tiempo estuvo por allí antes de dejar a nuestro hermanito en casa?

Luego, años más tarde, las cosas empezaron a cobrar más sentido. Empecé a notar que cuando la cintura de mamá se ensanchaba ella dejaba de asistir a los servicios quincenales de la iglesia. Y eso sucedía más o menos un mes antes de que "cayera del cielo" otro bebé, pero la palabra sexo, o siquiera el término tener bebés, no se mencionaban jamás.

Tendría yo unos trece años la primera vez en que oí hablar de sexo y de dónde venían los bebés. Me encontraba con algunos de mis primos detrás del granero. Paul, mi primo mayor, sabía de estas cosas más que el resto de nosotros y nos contó partes de cosas que había oído. Reímos como histéricos. De hecho, cada uno de los varones reímos y bromeamos hasta las lágrimas.

Podría seguir, pero ya entiendes de qué va la cosa. Mi visión de la sexualidad estaba torcida desde el inicio mismo. En el mejor de los casos, eran medias verdades y medias mentiras. Si un adulto maduro me hubiese hablado sobre este tema, esa conversación tras el granero jamás habría sido lo que fue. Quiero ir un paso más allá. Si un adulto maduro, específicamente nuestros padres, se hubiera tomado el tiempo de sentarse en casa con cada uno de nosotros para hablar de la verdad del sexo y el embarazo, bien podríamos haber visto el sexo como el regalo de Dios que es en verdad. En lugar de que el sexo se convirtiera en broma y palabra sucia, bien podríamos habernos dado cuenta de que el sexo era algo bello por lo que valía la pena esperar hasta casarnos. En cambio, sucedió de todo, menos eso.

Mi padre

Decir que mi padre trabajaba duro sería una obviedad. Tenía una herrería y tienda de maquinaria, una tienda de vitaminas y hierbas, y además poseía y trabajaba una granja de más de 80 hectáreas. Escribió varios libros y la gente – no solo los amish – lo consideraba como el veterinario de la comunidad y acudían a él por ayuda. También colocaba herraduras en caballos de exhibición. Además de ocuparse de los animales, servía a la comunidad como dentista y les sacaba las muelas a los amish. Pero por lo que probablemente fuese más conocido es por la pomada para quemaduras que inventó. La mayoría de los hogares amish tienen un frasco blanco de plástico con Ungüento B&W en sus botiquines e incluso se utiliza en algunos hospitales de los Estados Unidos. Papá ha sido disertante en cientos de seminarios y capacitó y certificó a cientos de personas amish en cuanto a la aplicación de su pomada para quemaduras y el uso de hojas secas de bardana. Como resultado, conoce a muchos médicos y hospitales y trabaja con ellos.

Mi quiropráctico local me contó una vez que mi padre le pidió que le hiciese de taxi para ir a una reunión de médicos, fuera del pueblo, a la que asistirían más de cien médicos de todo el país. Cuando llegaron, salieron del auto, cruzaron el estacionamiento y entraron en el edificio.

Me dijo:

— Joe, no es chiste. Entramos en el salón y muchos de esos médicos conocían a tu padre por su nombre de pila.

Mi quiropráctico contó que observaba a mi padre con admiración. Era el único hombre amish del lugar e iba saludando con un apretón de manos a los médicos más instruidos, participando en conversaciones de nivel académico universitario. Como verás, decir que papá era un hombre muy ocupado no alcanza a describirlo. Con tantos compromisos fuera de casa no tenía mucho tiempo para su familia y yo me sentía relegado, como si los objetivos de vida de mi padre y sus clientes fuesen mucho más importantes que yo. Cuando pasábamos juntos algo de tiempo, a menudo señalaba las cosas que no hacíamos bien. Y eso era todo. No había tiempo para una conversación de verdad o para, tal vez, hablar del día. Tan solo tiempo suficiente como para que yo supiera que no llegaba a cumplir con sus expectativas.

En mi mente, lo veía frustrado, malhumorado, porque estaba tan ocupado ayudando a gente que no era de la familia. Eventualmente, en mi adolescencia, mis sentimientos fueron la causa de la desconexión entre ambos.

Papá se dedicaba a la agricultura orgánica y su visión de la buena salud era la visión de lo natural al ciento por ciento. Creía firmemente en las vitaminas y hierbas y le parecía inadecuado que comiéramos tortas o pasteles. Sin embargo, a papá le encantaba la fruta y para la época de la Navidad nos daba cajones enteros de naranjas y pomelos.

Esperábamos con ansias la llegada de papá con la fruta y a veces traía ananás, una de las frutas más dulces con gran valor medicinal. Ahora, sé que las "limpiezas y desintoxicaciones" están de moda en estos días, pero puedo decirles de primera mano que no son nada nuevo. Papá pedía que la familia entera hiciera dieta de ananá durante tres días porque nos limpiaría de "gusanos y todo lo demás". Si bien el ananá es deliciosamente dulce, contiene mucho ácido. Para el tercer día de la dieta exclusiva de ananá, me ardía la boca a cada mordisco. Y no nos atrevíamos a comer otra cosa más que ananá, porque papá no iba a permitirlo. En ese momento no era cosa para risa, pero hoy admito que me hace reír.

Mi madre

Mamá, por otro lado, era una madre muy dedicada que amaba a sus hijos incondicionalmente. Disfruté de una relación cercana con ella y a menudo le contaba los problemas de mi vida mientras me escuchaba en silencio, con cara seria y preocupada que me mostraba que realmente le importaba.

Al final, siempre me decía las palabras correctas para que yo sintiera que todo iba a salir bien.

Mamá también trabajaba mucho. No solo cosía a mano toda la ropa para nosotros y nos cocinaba tres comidas al día, sino que se ocupaba de dos huertas grandes, hacía todas las conservas en el otoño, ayudaba a papá en la tienda y daba una mano con el ordeño de la mañana y el anochecer. Comprábamos la manteca y el queso al hombre que venía a buscar la leche, pero mamá siempre era la que hacía el pan. Pocas veces comíamos torta o pastel, sin embargo, sencillamente porque papá pensaba que eran alimentos con demasiada azúcar. Era un tema de discusión entre papá y mamá. Al mirar hacia atrás, a los años de mi niñez, me pregunto con asombro cómo se las arreglaba mamá para hacer todo lo que hacía. Era una esposa y madre con muchos talentos.

Mamá tuvo algunos problemas de salud que por lo general sucedían por la noche después de que nos hubiéramos ido a dormir. En una de esas ocasiones mi padre nos despertó en medio de la noche y dijo:

— Levántense y bajen tan pronto como puedan. ¡Mamá se muere!

En unos segundos estábamos ya todos despiertos, corriendo para estar junto a mamá. Allí, todos alrededor de la cama, la vimos luchando por respirar, ahogándose. Estaba pálida y ni siquiera podía hablarnos. Allí estábamos, de pie y mirando a una de las mejores madres de todos los tiempos. Mi corazón galopaba tan fuerte que sentía que se me iba a salir del cuerpo. Me dolía el pecho con cada latido y me sentía completamente impotente. Todos pensábamos que era el final. Mamá moriría delante de nuestros ojos. Me rodaban las lágrimas por las mejillas y mi cuerpo temblaba de miedo. Al unísono, mi familia empezó a clamar a Dios pidiéndole que le salvara la vida a nuestra preciosa madre.

Mirando hacia atrás, no sé por qué no llamamos a una ambulancia. Tal vez fue porque el teléfono más cercano era de una familia inglesa, a tres kilómetros de casa. O quizá fue porque era en medio de la noche y mamá parecía ya estar agonizando. Finalmente, mamá lo superó y a los pocos días ya se sentía mejor y empezó a cumplir con su rutina diaria.

Vida familiar

En cuanto a las comidas, teníamos que comer lo que se nos ponía delante. En lo personal, una de las cosas que más me costaba comer eran los huevos pasados por agua. Mamá, a pedido de mi padre, hervía docenas de huevos durante tres minutos en la cocina a leña. Le tomaba sus buenos treinta minutos calentar la cocina tanto como para hervir huevos. Luego los ponía ante nosotros sobre la mesa y los revolvíamos junto a las migas de pan casero.

Mi problema eran las chalazas. Si jamás oíste esa palabra, te digo que son esos hilos de clara de huevo que sostienen la yema en el centro de la gruesa membrana de la clara. En mi caso, esa sustancia como viscosa me producía arcadas. Y cuanto más frescos son los huevos, más consistencia tendrán las chalazas. Revolvía esa mezcla de huevo y migas de pan hasta encontrar esos hilos viscosos y cuando nadie me veía los sacaba de mi tazón y los pegaba del lado de abajo de la mesa, donde quedaban pegados como si fuesen cola y endurecían. Con el tiempo, formaron una capa dura de clara de huevo seca, pero al menos yo evitaba esa escena de arcadas causadas por el huevo.

* * * *

El baño en nuestra familia no era como en las casas de los ingleses. Nos bañábamos una vez a la semana los sábados por la noche y esa era la norma en toda la comunidad amish. Cuando éramos pequeños mamá calentaba el agua en la cocina a leña y volcaba luego el agua caliente en una palangana galvanizada de forma alargada. Añadía un poco de agua fría para que se entibiara y resultara cómoda la temperatura, y nos bañábamos de a dos niños por vez. Con todo el trabajo duro que hacíamos en la granja durante el verano, el agua quedaba terriblemente sucia.

Hay un viejo dicho: "No eches al bebé junto con el agua del baño", que proviene de la época en que todos los de la familia se bañaban sin cambiar el agua, una vez al año. Primero, el hombre de la casa, luego la madre, y finalmente los niños hasta llegar por último al más pequeño. El agua se ensuciaba tanto que quedaba opaca, con lo cual costaba ver al bebé en la bañera. Bueno, en mi casa, ya era suficientemente malo tener que bañarnos solo una vez a la semana, aunque solíamos ir a nadar casi todas las tardes de verano. Los niños más pequeños se bañaban antes que los mayores y, para cuando me tocaba meterme en el agua gris y sucia, me parecía que ya no me lavaría. Detestaba ser el último. El arreglo para dormir, con tantos niños, también añadía un elemento interesante a la vida. Si bien algunos de mis hermanos y hermanas más pequeños dormían abajo con papá y mamá, casi todos dormíamos en los cuatro dormitorios de arriba que tenía nuestra casa de dos pisos en la granja. La puerta que había al pie de las escaleras estaba fijada a un resorte que automáticamente la cerraba en cinco segundos. Como no teníamos electricidad, abríamos la puerta del todo para ver la escalera cuando subíamos. Luego subíamos corriendo tan rápido como podíamos antes de que la puerta se cerrara. Y cuando se cerraba detrás de nosotros, el pasillo quedaba en completa oscuridad. Desde allí teníamos que avanzar a tientas hasta llegar a la cama.

Mi padre nos había enseñado a arrodillarnos junto a la cama todas las noches para orar, y aunque estuviésemos agotados, siempre orábamos pidiendo a Dios que nos cuidara. Durante los meses de invierno la temperatura de nuestro dormitorio era tan baja que podíamos ver nuestro aliento durante las horas del día. Por el borde de las ventanitas corredizas entraba nieve y a veces cubría parte del marco y el borde de la cama. Mi hermano Ervin y yo nos metíamos a gatas bajo esas mantas heladas y nos acostábamos uno junto a otro, de espaldas, y nos cubríamos con los pesados cobertores que mamá nos había hecho.

Como en nuestra familia había el doble de varones que de mujeres, los niños usábamos tres de los cuatro dormitorios. Al subir las escaleras entrabas en el primer dormitorio. La mayor de mis hermanas dormía en la habitación de la derecha, que no tenía puerta. Había otro dormitorio un poco más allá, del otro lado de las escaleras, y la puerta de la izquierda era la del cuarto que yo compartía con mi hermano Ervin. Todas nuestras camas se habían comprado de segunda mano, y con tantos niños, todos teníamos que compartir camas. Ervin y yo nos llevábamos muy bien y dormíamos en la misma cama doble, que estaba inclinaba hacia el frente. Durante los meses de verano todos andábamos descalzos y Ervin casi nunca se lavaba los pies. Solía quedarse dormido antes de la hora de ir a la cama y el barro se le secaba en los pies, y luego formaba bolitas de barro duro entre las sábanas. Cuando me metía en la cama los resortes y el colchón rechinaban bajo mi peso y tenía que quitar con la mano las bolitas de barro duro para poder dormir. Pero tras el duro trabajo de todo el día, me dormía en minutos.

Crece el disenso

No sé si es porque yo era el mayor o porque es lo que papá esperaba, pero durante los primeros quince años de mi vida fui "el niño bueno". Jamás violaba las reglas como hacían algunos otros chicos en nuestra comunidad. Siempre hacía todo bien. Pero cuando cumplí quince años todo eso empezó a cambiar.

Para papá la vida era siempre en blanco y negro, sin grises. Sus expectativas y personalidad perfeccionista me parecían, siendo adolescente, como algo inalcanzable. A medida que fui pasando de la niñez hacia la adultez, con todos los cambios hormonales del caso, mi voz se hizo más gruesa y mi aspecto físico cambió. Mi mente estaba casi todo el tiempo ocupada pensando en mis amigos y las chicas. En medio de todos esos grandes cambios quería apartarme de mis padres, ser independiente, tomar más decisiones propias. Pero no tenía esa libertad y, por cierto, no se me alentaba ni guiaba en esa dirección. Dentro de mí había enojo y resentimiento, que amenazaban con hervir en algún momento.

Además, papá era tan talentoso y estaba tironeado en tantas direcciones que poco tiempo tenía para reconocer los problemas de su hijo mayor. Mis cambios mentales y físicos, y su vida tan estresada, brindaban la mezcla explosiva perfecta. Al mirar hacia atrás me doy cuenta de que él se esforzaba por educarme con buena moral y una ética honesta y de esfuerzo. Pero lo que yo anhelaba con desesperación era algo de aliento y afirmación. No recuerdo que papá me haya abrazado alguna vez, o que me haya dicho que me amaba, aunque eso suele ser así en la comunidad amish. La mayoría de los amish no demuestran afecto. Así son las cosas, y ya. De hecho, la palabra amar no está en el vocabulario neerlandés, y lo más parecido a amor es gustar.

En mi adolescencia mi relación con papá se deterioró, así que para cuando tenía quince años solía bajar la mirada cuando me daba la lista de tareas para el día. Esa lista de tareas era verbal. La conversación por lo general era unilateral, con papá diciendo qué era lo que quería que hiciéramos y nosotros enterándonos y haciendo a partir de allí. La frustración se acumulaba, en ambos extremos. Él también sentía exasperación conmigo. Un día nos cruzamos al pasar junto al granero y su cuerpo se tensó. Se encendió su frustración y el enojo pudo con él.

— No vales nada. No sé siquiera por qué te doy de comer — dijo.

Lo que yo más quería en la vida era que mi padre me diese una palmada en la espalda, diciendo: "Sé que estás pasando por cambios difíciles en tu vida, pero te amo tal como eres".

Quería desesperadamente que mi padre creyera en mí, incluso si le costaba hacerlo. Pensaba que, si mi padre me tratara como trata a sus clientes y le importaran las cosas que a mí me importan, la vida sería mucho más fácil y satisfactoria.

Lo entiendo ahora. Yo era el mayor, y él nunca había pasado por esto y probablemente sentía que hacía las cosas bien como padre, pero en ese momento sus duras palabras tuvieron un impacto en mi vida. Cerraron por completo mi espíritu y a partir de ese día, me rendí.

Mi corazón se entristece al ver a tantos padres amish criando a sus hijos con dureza, y es algo mucho más profundo en las iglesias ultraconservadoras. Parece que les cuesta demostrar el amor y el aprecio. En cambio, se imponen las reglas y es más fácil imponer disciplina. Cuando hay un desequilibrio así las relaciones pueden deteriorarse muy rápidamente.

Padres, no exasperen a sus hijos, para que no se desalienten (Colosenses 3:21).

Si bien mi padre no tenía mucho tiempo para mí, de alguna manera parecía saber siempre lo que yo estaba haciendo. En una ocasión, cuando tenía quince años, iban a visitarnos unos primos que venían de otra colonia. Se quedaron en la casa de mis tíos, del otro lado del camino, y entonces fuimos allí para verlos y nos divertimos mucho. Cuando papá dijo: "Es hora de ir a casa", no queríamos irnos. Pero nos fuimos.

Ervin y yo fuimos directamente a la cama, o en realidad debiera decir que fuimos directamente a nuestro dormitorio. Teníamos una ventana del tamaño de una almohada y justo fuera había un techo de zaguán que llegaba a unos centímetros del umbral de la ventana. Junto al zaguán había un gran roble y sus ramas llegaban hasta ese techo. Lenta y suavemente abrimos la ventana tratando de no despertar a nuestros padres, que dormían justo debajo de nosotros. Mi corazón latía muy rápido cuando nos deslizamos desde la ventana, apoyando el abdomen sobre el marco para bajar de a poco hasta el techo y avanzar despacio. Tomamos la rama más grande que pudimos encontrar y fuimos bajando por ella hasta el suelo.

Corrimos como rayos por el sendero de nuestra casa y cruzamos la calle hasta la casa de mi primo Leander, donde todos estaban despiertos todavía. Mientras los adultos estaban ocupados conversando en la sala, Ervin y yo subimos en puntas de pie por las escaleras. Y al llegar arriba nuestros primos se sorprendieron al vernos, pero estaban muy contentos porque habíamos regresado y nos divertiríamos. Reímos y jugamos hasta que por el rabillo del ojo ¡vi a papá! Quedé congelado. Él se había dado cuenta de lo que habíamos hecho y había venido a buscarnos.

El camino de regreso a casa se nos hizo largo. Con excepción del sonido del pedregullo que pisábamos, anduvimos en silencio, dirigiéndonos hacia nuestra casa. Yo sabía que estaba mal lo que habíamos hecho. Nuestro sendero tenía unos cuatrocientos metros de largo y nos tomó unos diez minutos recorrerlo. Mientras caminaba, tuve bastante tiempo para pensar en la paliza que me daría mi padre. Íbamos hacia el granero, por lo que sabía con seguridad que recibiría una paliza. Porque las palizas solía dárnoslas allí, un lugar seguro, oculto a los ojos de los clientes que iban y venían a toda hora del día y la noche. Cuando llegábamos al granero, papá me sorprendió.

— Esta vez, ustedes me darán la paliza a mí — dijo.

Te estarás preguntando cómo fue todo eso, pero confieso que fue un castigo brutal para mi hermano y para mí. Cuando entramos al granero papá nos pidió que nos quedásemos quietos hasta que trajera la cincha de cuero desde el otro lado. Ni Ervin ni yo pronunciamos palabra mientras esperábamos en silencio. Estábamos de pie, en un pequeño círculo que formaba la pálida y trémula luz del farol de querosén que yo sostenía. Y desde la oscuridad, el sonido de las vacas rumiando marcaba el tiempo.

Al regresar, papá me dio la cincha de cuero y dijo:

— Ustedes, muchachos, me darán la paliza a mí.

Se inclinó sobre el comedero, un cajón de madera de más de un metro de altura, y esperó. Durante unos minutos permanecí allí, incapaz de usar la cincha de cuero. No quería lastimar a mi padre. En el fondo lo amaba y quería que pudiésemos hablar de esto. Tuvo que insistir varias veces hasta que, con las mejillas húmedas por las lágrimas, usé la cincha y le di apenas un golpecito, dudando. Cada fibra de mi ser quería huir. ¿Cómo iba a pegarle a mi padre? Fue un enorme castigo para mí, pero así quería él que fueran las cosas. Quería que recordáramos, y al día de hoy no lo he olvidado.

Las palizas eran un castigo común en nuestra casa y no estaban reservadas solo a los más pequeños.

Una mañana mientras ordeñábamos, mi padre dijo:

— Voy a darte una paliza y no la olvidarás.

Merecía esa paliza, como nunca. Salí corriendo. Me tomó unos tres minutos llegar a la casa. Entré corriendo y crucé la sala para entrar en la cocina y oí que se cerraba la puerta mosquitero. Como un rayo fui hacia la sala y subí por las escaleras hasta mi dormitorio, donde me puse rápidamente varios calzoncillos.

Mientras me ponía el séptimo, levanté la vista al oír unos pasos. Papá estaba parado junto a la puerta, respirando agitado y con una expresión severa y dura como la piedra.

Grité con todas mis fuerzas:

— Podrás darme una paliza, pero si lo haces ¡me iré y no volveré jamás!

Durante un momento, permaneció allí como si intentara decidir si un padre debía rendirse ante el pedido de su hijo mayor. Y así como así, giró sobre sus talones, y se alejó. Nunca recibí esa paliza, y la situación no volvió a mencionarse.

Capítulo 3

La vida en la escuela

En la comunidad amish asistíamos a la escuela a lo largo de ocho grados o años. Las escuelas amish se veían todas casi idénticas: un salón, y un sótano. En el sótano había una gran caldera y allí se almacenaba leña y carbón. El área que estaba inmediatamente junto a la puerta del aula se conocía como lavadero. A lo largo de la pared había ganchos para colgar nuestras cofias, sombreros y abrigos, y por sobre los ganchos había un estante donde ubicábamos nuestros cubos con las viandas. Pero se llamaba lavadero porque allí nos lavábamos las manos. Aunque no había electricidad el lugar no era oscuro. La luz natural llenaba el aula al entrar por las grandes ventanas que había en tres de los lados. Brillaba la luz del sol desde la parte trasera y los costados del salón. Y no recuerdo haber llegado nunca tan temprano, o haberme quedado hasta tan tarde, como para que hiciera falta iluminación.

Hasta el inicio de la vida escolar, a los seis años, solo conocíamos y hablábamos nuestro dialecto neerlandés de Pennsylvania. Los libros de McGuffey Readers fueron nuestra introducción al inglés, y aunque eran libros muy simples, sí tenían un claro tono ético como: "Ella es amable con el anciano ciego". De esta forma, mientras aprendíamos a leer en inglés, las primeras lecturas contribuían a moldear nuestra mentalidad moral. Aunque se nos enseñaba inglés desde el inicio, no se requería que lo habláramos hasta el segundo grado. Con requerir me refiero a que se prohibía que habláramos el neerlandés en la escuela, con excepción del período del almuerzo. Si nos hallaban hablando nuestro dialecto hogareño éramos castigados. Tendríamos que estar de pie en el rincón, con la cabeza apoyada en el escritorio, o apoyar la nariz en un círculo de cinco centímetros que dibujaría la maestra en el pizarrón.

Los asientos en el aula de la escuela no eran todos iguales. Los de primero y segundo grado tenían asientos más pequeños y a medida que crecíamos ocupábamos pupitres más grandes. Todos los escritorios estaban anexados, desde el frente hasta el final de la fila. No estaban atornillados al piso sino a una viga de madera de dos por cuatro que mantenía a todos en filas bien formadas y permitían así que se pudiera limpiar el piso del aula con facilidad. Esos pupitres nos brindaban una superficie plana para escribir y un pequeño estante para guardar algunos libros, tablillas de escritura y lápices.

Nuestra maestra se sentaba al frente, en el centro, y había pizarrones en la pared, uno a cada lado de ella. Los grados menores usaban un lado del aula y los mayores, el otro. A lo largo de la pared, sobre los pizarrones, había tarjetas con las letras del alfabeto. Había también diagramas sobre la pared que servían para llevar cuenta de nuestros logros. Si recibíamos un 100 por ciento, nos darían una estrella o pegatina. Era una forma conveniente de establecer comparaciones entre los alumnos, desafiándonos a esforzarnos todo lo posible.

Los estantes que había a un lado del aula eran para los libros. Era nuestra pequeña biblioteca. Había libros de referencia como el diccionario, pero también una reducida selección de libros de lectura. Si terminábamos temprano con la tarea podíamos levantar la mano y preguntar: "Terminé con mi tarea. ¿Puedo tomar un libro?".

A esa edad yo no solía meterme en problemas porque sabía que si los tenía en la escuela, en casa me castigarían también. El peor problema en el que recuerdo haberme metido fue cuando con unos pocos de los otros chicos hicimos cigarros a mano usando choclos. Ahuecamos el centro blando y lo llenamos con hilos de maíz, y nos escondimos detrás del granero para fumar eso, pero nos atraparon en el acto. La maestra me hizo quedar después de clase. Todos se habían ido ya, menos ella. El viejo reloj marcaba los minutos con su tic, tac, tic, tac. La maestra ordenaba sus papeles y yo permanecía sentado allí. Fue una hora larga y luego tuve que caminar a solas los dos kilómetros y medio que había hasta mi casa. Para mí fue terrible al no tener otros niños con quienes hablar en el camino de regreso, pero ese fue el peor castigo que recibí en la escuela. Para mi sorpresa, jamás me dieron una paliza por esta travesura.

La mejor parte de ir a la escuela era el recreo. Sentía impaciencia hasta oír el timbre que indicaba que podíamos salir a jugar. Si el tiempo era bueno jugábamos al hockey, al quemado, al rango, a patear la lata y al softball. Las reglas de la iglesia no nos permitían usar guantes de beisbol o jugar por equipos como contrincantes como lo hacían los profesionales. Atajábamos las pelotas con las manos y no era tan malo tampoco; pero más o menos una o dos veces al año la pelota pegaba contra mi dedo en lugar de acabar en la palma de mi mano. Y cuando pasaba eso, gritaba de dolor. El dedo se hinchaba como un globo y se ponía negro y azul. Durante los siguientes tres o cuatro días era casi imposible escribir con lápiz u ordeñar las vacas.

En los meses de invierno usábamos los trineos, construíamos iglús y nos perseguíamos tirándonos bolas de nieve. Solo cuando llovía teníamos que quedarnos en el aula durante el recreo y jugar juegos de mesa o a los ratoncitos ciegos. No siempre teníamos que ir andando a la escuela. Como domesticábamos ponis y había más de dos kilómetros de camino hasta la escuela, se nos permitía montar nuestros ponis. Una mañana en particular se me ocurrió ir montando un poni que todavía no estaba del todo domado. Fue una de esas ocasiones en que sabía que no convenía hacer algo, pero lo hice de todos modos. Monté el poni, y el animal se paró en dos patas, casi vertical. Perdió el equilibrio y cayó hacia atrás, encima de mí. Quedé atontado durante uno o dos minutos y cuando abrí los ojos vi a papá de pie junto a mí.

— Joe, no puedes ir a la escuela.

Empecé a llorar y le dije que sí, que podía ir. Me levanté, tomé mi vianda y corrí por el sendero en dirección a la escuela, llorando todavía porque llegaría tarde. Jamás falté un solo día a la escuela en ocho años y me sentía muy orgulloso de eso. Era un compromiso que había tomado conmigo mismo casi desde el inicio de mi vida escolar.

Con excepción de las veces que podíamos ir montados en nuestros ponis a la escuela, siempre teníamos que caminar. Avanzábamos lentamente a lo largo de esos dos kilómetros y medio aunque hiciera frío, calor o lloviese a cántaros. A veces, en medio de los inviernos que teníamos en Ohio, pensaba que moriríamos congelados en el camino de regreso a casa cuando el viento helado soplaba fuerte. Teníamos un vecino inglés que tenía una camioneta y si pasaba en el momento justo y nos veía caminando, se detenía y bajaba la portezuela trasera. Unos diez o doce niños nos subíamos a la cama de su camioneta y él nos llevaba a casa dejándonos en la entrada a cada uno.

Capítulo 4

El idioma santo

En nuestra comunidad había servicio en la iglesia cada dos domingos. Las comunidades estaban divididas en distritos, con unas veinticinco familias por distrito porque esa era la cantidad de gente que podía entrar en la casa. Cuando en una congregación había más de veinticinco familias, había que dividirlas en dos distritos. La comunidad de tamaño promedio tenía entre cinco y seis distritos. La mitad de los distritos tenía servicio en la iglesia un domingo y la otra mitad lo tendría el otro domingo. Así, las familias podían visitar otro distrito en su domingo "libre". Si nos quedábamos en casa el domingo que teníamos libre, la iglesia dejaba bien en claro que "no se trabaja en absoluto el día domingo, con excepción de las tareas de la mañana y la noche". Papá entonces nos hacía leer la Biblia en alemán desde después del desayuno hasta el mediodía.

En esa época lo detestábamos. El alemán era un tercer idioma que nos resultaba difícil de entender. Ahora cuando miro hacia atrás veo que papá hizo algo que no se hacía en la mayoría de los otros hogares. Nos reunía en nuestra austera sala de estar para que leyéramos la Biblia. Nuestro sofá más bien se parecía a una cama porque las reglas de nuestra comunidad no permitían que se tuviera respaldo o apoyabrazos en el sofá. Algunas comunidades permitían los respaldos, pero no los apoyabrazos, y otras permitían que se tuviese un sofá entero con respaldo y apoyabrazos, pero en la nuestra solo se permitía el asiento del sofá. Mamá hacía cobertores multicolor para el sofá y las sillas mecedoras.

Reunidos en la sala, oíamos como fondo el susurro ambiental del antiguo reloj de pie de madera de cerezo. Era un enorme reloj que llegaba hasta el cielorraso, como un centinela que marcaba el paso del tiempo. Papá se dirigía al estante que había por encima de nuestro escritorio de tapa inclinada. Allí guardábamos nuestro libro de oraciones, las Biblias en alemán, el *Espejo de los mártires*[2] y otros libros importantes. Nos hacía formar un círculo y nos ayudaba a pronunciar esas palabras en alemán para que pudiéramos leer y entender la Biblia. Mientras nos enseñaba a leer y entender la Biblia en alemán, a menudo nos relataba historias del Antiguo Testamento. Era también durante esos momentos en familia que papá nos advertía sobre el peligro del mundo que estaba fuera de las comunidades amish. Nos enseñaba que el mundo continuamente iba tornándose más y más malo, como Sodoma y Gomorra. En nuestras jóvenes mentes pensábamos que el pueblo amish era la única razón por la que Jesús todavía no había regresado para ponerle fin al mundo.

Alabo a Dios porque a papá le importara la Biblia y quisiera que la leyéramos y entendiéramos. Veíamos la Biblia en alemán como un libro santo y por eso estaba prohibido marcar o destacar texto en sus páginas. Ni siquiera se nos permitía apoyar nada sobre la Biblia.

---

2   N. de T.: *Espejo de los mártires*, de Thieleman J. van Braght, publicado en 1660 en neerlandés, que documenta las declaraciones de fe, historias y testimonios de los mártires cristianos, especialmente de los anabaptistas pacifistas (https://es.wikipedia.org/wiki/Espejo_de_los_M%C3%A1rtires) Acceso 25 de septiembre de 2023).

No solo estaba en alemán la Biblia, sino que en lo posible también eran en alemán los servicios de la iglesia porque se consideraba que era el "idioma santo". Algunos decían que el alemán es el idioma que se habla en los cielos y que fue en ese idioma que Dios le hablaba a Adán. Incluso algunos dicen que Jesús hablaba alemán. En total, los amish sabíamos tres idiomas. Hablábamos principalmente el neerlandés, que es un dialecto alemán. Leíamos y escribíamos inglés y lo empezábamos a hablar a partir del segundo grado. Y para el alto alemán antiguo teníamos la traducción de la Biblia de Martín Lutero, nuestro libro de oraciones, El *Espejo de los mártires* y nuestros himnos, todos en el idioma santo. Era el idioma que menos entendíamos de los tres que sabíamos. Tanto en la escuela como en casa cantábamos nuestros himnos en alemán y leíamos el libro de oraciones en alemán. Y parecía que si el predicador predicaba en alemán el servicio era más santo.

El *Espejo de los mártires* era un libro grande, de unos diez centímetros de grosor, con cientos de historias y artículos escritos sobre nuestros antepasados de Suiza. Los relatos describían la severa persecución que habían sufrido durante el primer movimiento anabaptista. Más de cuatro mil hombres y mujeres dieron sus vidas de diferentes modos al defender la verdad bíblica y la libertad. A algunos los quemaron en la hoguera, otros fueron decapitados y a otros los ataron con sogas y los ahogaron en algún río. El *Espejo de los mártires* era un libro que valorábamos mucho y en varios aspectos se lo consideraba al mismo nivel que la Biblia. Nuestros himnarios en alemán también eran muy valorados. Muchos de los himnos fueron compuestos por nuestros antepasados anabaptistas mientras huían por salvar sus vidas y se ocultaban en cuevas. Como podrás imaginar, los relatos y los himnos eran recordatorios continuos de quiénes éramos y de dónde veníamos.

Nuestros corazones y mentes resonaban con pasajes de las Escrituras como Hebreos 11:37-38, que dice: fueron apedreados, aserrados, puestos a prueba, muertos a filo de espada; anduvieron de acá para allá cubiertos de pieles de ovejas y de cabras, pobres, angustiados, maltratados; de los cuales el mundo no era digno; errando por los desiertos, por los montes, por las cuevas y por las cavernas de la tierra.

Los ministros amish no predican con la Biblia en la mano ni siguen lineamientos. Más bien, memorizan una lista de pasajes conocidos de la Biblia y los citan a lo largo de los cuarenta minutos de su predicación. Muchos de estos pasajes de las Escrituras provienen del libro de los Salmos y varias partes del Antiguo y el Nuevo Testamento. Junto con Mateo 5, algunos de los pasajes más populares del Nuevo Testamento son estos:

Tomen Mi yugo sobre ustedes y aprendan de Mí, que Yo soy manso y humilde de corazón, y hallarán descanso para sus almas. Porque Mi yugo es fácil y Mi carga ligera (Mateo 11:29-30).

No estén unidos en yugo desigual con los incrédulos, pues ¿qué asociación tienen la justicia y la iniquidad? ¿O qué comunión la luz con las tinieblas? ¿O qué armonía tiene Cristo con Belial? ¿O qué tiene en común un creyente con un incrédulo? ¿O qué acuerdo tiene el templo de Dios con los ídolos? Porque nosotros somos el templo del Dios vivo, como Dios dijo:

"Habitaré en ellos, y andaré entre ellos;

Y seré su Dios, y ellos serán Mi pueblo.

Por tanto, salgan de en medio de ellos y apártense", dice el Señor;

"Y no toquen lo inmundo,

Y Yo los recibiré.

Yo seré un padre para ustedes,

Y ustedes serán para Mí hijos e hijas",

Dice el Señor Todopoderoso (2 Corintios 6:14-18).

Por tanto, ahora no hay condenación para los que están en Cristo Jesús, los que no andan conforme a la carne sino conforme al Espíritu. Porque la ley del Espíritu de vida en Cristo Jesús te ha libertado de la ley del pecado y de la muerte (Romanos 8:1-2).

Claramente, algunos de estos versículos advierten en cuanto a mezclarse con el mundo, lo cual era un tema de muchas predicaciones. No era infrecuente oír historias de aquellos que habían dejado a los amish y que luego intentaron volver pero no pudieron. Se decía que se habían quedado lejos durante demasiado tiempo y que Dios finalmente los había entregado a Satanás. Nadie sabía con exactitud quiénes eran estos ex amish ni de dónde habían salido. Sus historias se pasaban de generación en generación y se contaban en la iglesia y en casa, en círculos familiares.

Había una historia muy repetida que tenía que ver con un hombre amish que había dejado el rebaño años atrás. Con el tiempo, se hallaba en su lecho de muerte y cuando estaba a punto de morir habría gritado: "Las llamas del infierno rodean mi cama". Y entonces el hombre empezó a clamar a Dios, prometiendo que si Dios le sanaba volvería con los amish. De repente, las llamas del infierno se extinguieron y el hombre recuperó sus fuerzas. Salió a gatas de su cama y caminó hasta la comunidad amish que había dejado años antes. Fue de casa en casa para ver si continuaban con vida determinadas personas, pero la respuesta siempre era la misma: "Oh, no, esa persona murió hace años".

Cuando el hombre finalmente vio que no podía corregir o enmendar las cosas con aquellos a quienes había desobedecido, dándoles la espalda, caminó con la cabeza gacha de vuelta al mundo, viendo que había esperado demasiado tiempo para volver y que Dios había cerrado la puerta.

Otro ejemplo se basaba en una carta. La carta se usaba para predicar, se copiaba, se leía en las casas, con la esperanza de que los niños jamás abandonaran la iglesia amish.

Queridos papá y mamá:

Bueno, no sé cómo comenzar, pero hace mucho tiempo que quiero escribirles y jamás me animé a hacerlo. Tendría que haber escrito antes, pero sabía que les iba a doler mucho después de lo que les hice y pensé en postergarlo tanto como pudiera soportarlo. No saben lo difícil que es para mí escribir esta carta, pero tenía que hacerlo tarde o temprano. Mi esposo me insiste para que les escriba, todo el tiempo, pero me es doloroso. He pecado y no sé si alguna vez Dios me perdonará por lo que hice.

Sé que les causé un terrible mal a algunos de ustedes cuando abandoné mi casa e iglesia y me casé, pero lo hice. Supongo que no me queda nada por hacer más que pedirles perdón a ustedes y a Dios. Mi consciencia me acosa día y noche y probablemente me lleve esto a la tumba.

No hay un día en el año en que no piense en ustedes, queridos papá y mamá, y lamento muchísimo lo que hice, pero no puedo cambiar las cosas. Temía que si les escribía para decirles, les haría sufrir hasta morir.

Si pudiera volver atrás iría a casa para ayudarlos, con mis pies bajo su mesa. Oh, pero ahora es demasiado tarde y la culpa es solamente mía.

Ustedes nos enseñaron a sus hijos a diferenciar entre el bien y el mal, pero parece que yo elegí el mal. Lloro mientras escribo esta carta y me duele mucho. Oro todas las noches antes de dormir, con la esperanza de que Dios me oiga.

Pensé en todos ustedes en la Navidad, pensando en lo mal que deben sentirse por cómo son sus hijos. No olvidaré jamás lo que dijo en su lecho de muerte el hermano Harley: "¿Dónde están mis hermanos perdidos?". Y supongo que hermanas también. Oh, qué terrible. Por favor, oh, por favor, perdónenme y oren por mí.

Capítulo 5

El servicio en la iglesia

En mi mente, los servicios eran largos y aburridos, porque por lo general eran entre las 9:00 a. m. y las 12:30 p. m. Como resultado, no me gustaba ir a la iglesia. A la 1:00 p. m. almorzábamos. Primero, los hombres casados se reunían en la sala de estar para comer, en tanto que las mujeres casadas comían en la cocina. Mientras ellos comían, los chicos y chicas de más de catorce años se sentaban a conversar. Cuando terminaban de comer los que estaban casados se invitaba a todos los solteros. Los muchachos comían en la sala de estar y las mujeres lo hacían en la cocina. Este tipo de separación es lo que caracteriza a toda reunión dominical. Por ejemplo, como familia llegábamos a la entrada de la casa que servía de iglesia ese día. Dejábamos a las mujeres en la casa y papá y los muchachos íbamos al granero, donde desensillábamos los caballos y nos poníamos en una fila con los demás hombres y muchachos. Cerca de las nueve menos veinte los ministros caminaban en fila hacia la casa y se sentaban en el banco largo para los ministros. Luego, el hombre de mayor edad caminaba hacia la casa y le seguían los hombres casados, todos en fila y por orden de edad. Por último, y también por orden de edad, seguía la fila de los hombres solteros.

Cuando se había sentado ya el último de los chicos, el obispo les pedía a los hombres que se sacaran el sombrero. El sonido de los hombres sacándose los sombreros duraba unos diez segundos. Era un sonido raro que resonaba en toda la casa, casi como un viento que llegara desde el norte.

Durante el servicio las mujeres permanecían sentadas en la cocina y los hombres estaban sentados en largos y duros bancos de madera, en la sala. Eran bancos con patas plegables que se cargaban en una carreta para llevar de casa en casa. Los hombres mayores se sentaban en los bancos de las primeras filas junto con sus hijos menores, y los adolescentes más grandes y los hombres solteros ocupaban las últimas dos filas, detrás de los adultos. Las mujeres y las adolescentes se sentaban en la cocina siguiendo ese orden también.

A los catorce años ya habíamos terminado la escuela y en esa época de adolescente ya no tenía que sentarme con papá. Pasé a sentarme en las últimas filas con los jóvenes solteros. No era adulto, pero iba en camino de serlo. ¡Ah, qué bien se sentía sentarme junto a mis amigos en lugar de estar con papá y mis hermanos menores! También me gustaba la idea de sentarme más lejos de los ministros y los hombres mayores, que nos vigilaban con ojos de águila.

Mis amigos ya me habían informado que los muchachos de la última fila tomaban siestas durante el servicio. ¡Guao!, pensé. Seguramente con eso el extenso y aburrido servicio de la iglesia se pasaría más rápido. Y así era. A decir verdad, no era infrecuente oír los ronquidos de alguno de los hombres mayores que ocupaban los bancos de adelante. Cada tanto, alguien de la última fila perdía el equilibrio y se caía del banco. La siguiente es una historia verídica que relató Gerald Hochstetler sobre un chico amish que se durmió en la iglesia:

A través de los ojos del pequeño Tobías, el niño amish

El pequeño Tobías se esforzaba por ser un niño de buena conducta y se sentaba erguido, escuchando el sermón. Pero no lograba su cometido. Eventualmente, la naturaleza ganaba la partida y el pequeño Tobías ponía sus brazos sobre las rodillas, apoyando el mentón en sus manos, y así dormitaba. Humanamente, no era posible mantenerse despierto.

Fue en una de esas ocasiones que el pequeño Tobías pasó por la experiencia más vergonzosa de su vida. En ese momento, el sueño y la naturaleza tenían completo control sobre Tobías. Tenía la cabeza apoyada en las manos y sus brazos descansaban sobre sus rodillas mientras navegaba por el país de los sueños amish. En sus felices sueños amish alimentaba cabras y gallinas amish y se sentía bien en el mundo granjero que le rodeaba.

De repente, como si los cielos le hablaran, uno de sus brazos se deslizó y ya no se apoyaba en la rodilla, por lo que su cuerpo cayó hacia adelante y acabó del otro lado del pasillo, sobre la falda de la Sra. Detwiler (a la Sra. Detwiler también la llamaban Mama Roly-Poly). Ya no había gallinas ni cabras y Tobías se encontró en una casa, la casa donde se desarrollaba el servicio de la iglesia, ¡y él estaba sobre la falda de la señora Roly-Poly! Fue un aterrizaje suave, ¡pero incómodo!

No hace falta decir que en ese momento el pequeño Tobías despertó. Y por cierto, no se puede describir con palabras la vergüenza que sintió el niño. Hubo algunas risitas, porque varios de los niños intentaban reprimir sus carcajadas, pero en general todos los involucrados se esforzaron por mantener la seriedad como corresponde hacerlo en la iglesia. El viejo predicador siguió adelante y nadie habló nunca más del asunto.

Entre los amish hay ciertas cosas de las que no se habla. Cuando algo se sale de control como sucedió ese domingo y las situaciones ya no se pueden controlar, ¡no se ocupan más de eso! Es como dice el sabio y viejo Papa Yoder: "Muchas veces el silencio y el tiempo son el mejor remedio". Los amish saben que el infortunio puede golpearte en cualquier momento, a cualquiera y en cualquier lugar, y por eso siguen adelante. Hay que alimentar a las cabras, ordeñar a las vacas y al pequeño Tobías hay que perdonarlo por dormirse en la iglesia.

* * * *

Recibí mi primer gorro de lana la Navidad del año en que cumplí catorce. En Navidad casi nunca recibíamos muchos regalos debido al tamaño de nuestra familia. Recibíamos regalos prácticos, cosas que necesitábamos como guantes nuevos y, por supuesto, "golosinas" en forma de fruta fresca, nueces y dulces hechos en casa. Pero esa Navidad en que recibí mi gorro fue una de las mejores navidades. El primer domingo después de la Navidad no estaba programado que hubiese reunión en la iglesia, por lo que visité otro distrito para el servicio con tal de poder usar mi nuevo gorro.

Cumplir catorce años fue algo muy importante para mí. Porque dejaba de usar el gorro de niño y ahora usaría el de lana, y disfrutaba de la libertad de sentarme con los jóvenes solteros en el último banco. Un domingo nos reunimos en la casa de mi primo Leander y cerca del final del servicio sentí urgencia por ir al baño (para lo que llamamos número dos). Pensé que podría aguantar, pero el servicio seguía y seguía. Empecé a transpirar. Mentalmente me decía: "Vas a poder aguantar". El servicio no terminaba nunca y yo contraía los músculos tratando de aguantar. Finalmente ya no pude más, y me aflojé. Fue horrible. El olor invadía la sala. Yo me quedé sentado allí en mi lugar, rodeado de los demás hombres. El servicio seguía como si nada hubiera pasado, pero yo sabía que todos sabrían lo que había hecho. Me sentí avergonzado, sentado allí mientras esperaba que terminase el servicio. Afortunadamente la casa de Leander estaba del otro lado de la calle y cuando finalmente terminó el servicio pude irme. Crucé la calle corriendo y entré a toda velocidad en nuestra casa. Mientras me cambiaba la ropa apareció mamá. Se sintió mal por mí y me consoló. Ese día no volví porque sinceramente no podía mirar a la cara a nadie. Admito que nunca se habló del tema. Lo dejaron de lado y siguieron adelante.

La elección de un predicador

En la iglesia amish se elige a los predicadores por sorteo. Cada distrito tiene su obispo, su diácono y dos ministros laicos. Uno no podía ser obispo a menos que ya hubiese servido como diácono o ministro laico. Y a los diáconos y ministros laicos se los elegía de entre los miembros. Si alguno de ellos se mudaba a otro lugar, o si moría, la iglesia votaba para elegir a su reemplazante.

Siempre era estresante, temible, el día en que se designaba a un nuevo predicador. La mayoría de los hombres no se sentía a la altura por no tener calificaciones y se consideraba que ese puesto era muy desafiante. Los hombres y las mujeres pasaban de a uno al dormitorio para votar por el hombre que, en su opinión, sería el mejor predicador, y quien resultaba con tres o más votos entraba en el sorteo. En general, eran seis a diez hombres a quienes se convocaba. Se sentaban en un banco frente a los que estaban reunidos. Se le daba a cada uno un himnario que tenía una cuerda fina atada alrededor. Dentro de uno de esos libros había un trozo de papel, y el que tenía el libro con el papel se convertía en el nuevo predicador.

Los que eran convocados para sentarse en ese banco eran gente común y corriente, que habían estudiado hasta el octavo grado. La mayoría carecía de conocimientos de las Escrituras y jamás habían hablado en público. Cuando se los seleccionaba, muchas veces alguno de los hombres empezaba a llorar porque la responsabilidad era enorme y la única salida que quedaba era morir. A menudo la iglesia entera se sentaba con sus cabezas inclinadas y los acompañaban en el llanto, hasta que todo parecía más un funeral que una celebración.

Todos se daban cuenta de que era una gran responsabilidad. Después de que se elegía al predicador por sorteo, la gente de la comunidad visitaba su casa durante unas semanas para ayudar a la familia con las tareas, desde limpiar estiércol hasta quitar las hojas de las mazorcas de maíz. Esos trabajos dependían de la estación. Le ofrecían esta ayuda extra al hombre para darle tiempo para estudiar la Biblia porque, como dije, cuando los predicadores amish dan su mensaje, solo se ponen de pie y hablan. Este tiempo de estudio les daba la oportunidad de memorizar tantos pasajes bíblicos como pudieran, para que cuando se levantaran a predicar tuviesen algo para decir.

Algunos de estos hombres no saben predicar, pero tendrían que hacerlo durante cuarenta minutos. En ocasiones, ya no les quedaba nada para decir después de diez minutos. Cuando yo era pequeño, transpiraba con tal solo verlos en esas dificultades. Me sentía mal por ellos y le pedía a Dios que les diera algo para decir.

Hace unos años el sorteo recayó en un hombre amish que respondió diciendo: "No sé predicar". Pero el resto de los ministros y miembros dijeron: "Tienes que predicar. Saliste sorteado".

Finalmente, el hombre contestó: "Está bien, voy a predicar". Tras varios intentos infructuosos volvió a decir: "No sé predicar". Esta vez dejó a los amish y a su familia y se volcó al alcoholismo. Tras años de ser alcohólico finalmente murió, alejado de su familia y expulsado de la iglesia.

Echar suertes es lo mismo que tirar una moneda al aire, o echar los dados. Antes de que el Espíritu Santo viniera en Pentecostés, vemos que se echan suertes setenta veces en el Antiguo Testamento, y solo siete veces en el Nuevo Testamento. Presentaron a dos: a José, llamado Barsabás, al que también llamaban Justo, y a Matías. Después de orar, dijeron: "Tú, Señor, que conoces el corazón de todos, muéstranos a cuál de estos dos has escogido para ocupar este ministerio y apostolado, del cual Judas se desvió para irse al lugar que le correspondía". Echaron suertes y la suerte cayó sobre Matías, y fue contado con los once apóstoles (Hechos 1:23-26).

Algunos, como los amish, siguen creyendo que es la forma en que Dios revela Su divina voluntad para la Iglesia. Pero hay hombres que no parecen estar llamados. ¿Qué pasa entonces? ¿No le pone esto un peso extraordinario sobre los hombros cuando está llamado a hacer otra cosa en la vida?

Los once apóstoles que quedaban echaron suertes para reemplazar a Judas y la suerte cayó sobre Matías. Pero eso sucedió antes de la venida del Espíritu Santo. Desde el día de Pentecostés, en Hechos capítulo 2, Dios ha hecho las elecciones a través de Su Espíritu. Consideremos al apóstol Pablo: Dios lo detuvo en el camino; directamente apresó a Pablo y le dijo que predicara. No volvemos a saber nada de Matías, pero el ministerio de Pablo abarca la mayor parte del mundo conocido.

Tampoco hay otras instancias en el Nuevo Testamento en

las que se echara a suerte la designación de líderes de la Iglesia. Más bien, Dios les dio dones a los creyentes para que sirviesen en puestos de liderazgo y los llamó al ministerio por medio del Espíritu Santo.

> Y Él dio a algunos el ser apóstoles, a otros profe-
> tas, a otros evangelistas, a otros pastores y maes-
> tros, a fin de capacitar a los santos para la obra del
> ministerio, para la edificación del cuerpo de Cristo
> (Efesios 4:11-12).

> Mientras ministraban al Señor y ayunaban, el
> Espíritu Santo dijo: "Aparten a Bernabé y a Saulo
> para la obra a la que los he llamado". Entonces, des-
> pués de ayunar, orar y haber impuesto las manos
> sobre ellos, los enviaron. (Hechos 13:2-4).

Habrá quien argumente que la Iglesia del Nuevo Testamento designaba a los ancianos y diáconos, pero eso no es lo mismo que echar suertes (Hechos 14:23; Tito 1:5).

Fuera de las Escrituras, consideremos a los hombres amish que sirven como ministros porque la suerte recayó en ellos. Dios nos da dones para el trabajo que Él nos da, pero ¿qué pasa si se nos da un trabajo para el cual no estamos equipados? A lo largo de mi niñez, notaba que algunos sí sabían ponerse al frente para predicar. Pero también notaba que había otros que no eran capaces de hacerlo.

Capítulo 6

La huida

Cuando yo tenía quince años, mi primo Eli escapó de su hogar. Obtuvo su licencia de conducir y se compró un vehículo. En ese momento de mi vida yo creía que todo el que dejaba a los amish y se convertía en "inglés", moriría e iría al infierno. Por eso le escribí a Eli una carta rogándole que regresara a casa. Lo que sigue es un extracto de la carta que muestra mi desesperada preocupación por mi primo desviado:

> Oh, Eli, por favor, haz caso hoy mismo y no mañana, porque mañana será demasiado tarde. Será el día del diablo y si no puede hacerte pasar por encima del cerco, hará que pases por debajo si le es posible. Por favor, actúa rápido. Oh, por favor, eres mi amigo; por favor no juegues con el diablo. Yo lamento haber hecho lo que hice alguna vez. Piensa que quizá estés en un naufragio y entonces ¿crees que tendrás oportunidad de ir al Cielo? Ahora si un buen cristiano tiene una oportunidad en diez, tú solamente tienes una. Me temo que el diablo te ha encadenado fuerte y no puedes soltarte.

Ahora, quizá si vuelves a casa solo tendrás que vivir cuatro años más [allí]; compara esos cuatro años con el infierno que viene después. Oh, por favor, recuerda cuando vayas a trabajar que el infierno estará aquí antes de que estés preparado. Oh, por favor, recuerda que el infierno es para siempre. Oh, por favor, vuelve a casa. Estoy orando por ti y espero que tú también ores. Recuerda el infierno: el infierno es para siempre.

- Joe

En una ocasión durante esa época fui al galpón donde molíamos el alimento para las vacas. Me subí a las vigas llenas de polvo, me acosté sobre ese polvo y lloré, rogándole a Dios que le perdonara la vida a Eli.

Eli volvió a casa y sus padres trataron de darle opciones. Vino a mi casa y papá le dio trabajo en la tienda de maquinaria. Los dos nos hicimos muy amigos. Para ese momento él tenía dieciocho años y yo, dieciséis. Ninguno de los dos era feliz; hablábamos de que abandonaríamos a los amish y decidimos hacerlo juntos.

Justo antes de que yo cumpliera los diecisiete, antes de bautizarme, nos escapamos un domingo por la noche. Les escribí una nota a mis padres y Eli les escribió a los suyos. En las notas, les decíamos: "Nos hemos ido. No vengan a buscarnos porque no nos encontrarán jamás".

Le robé cincuenta dólares a mi padre y nos escapamos, tratando de alejarnos del lío.

Eli también tenía dinero en el bolsillo y pedimos aventones para ir a la ciudad. Caminamos, y caminamos, y caminamos. Cerca de las 4:00 a. m. llegamos al límite de la ciudad. Había luces en las calles, carteles de neón y, bueno, la electricidad lo iluminaba todo. Llegamos a una calle llamada Pleasant Street[3].

---

3   N. del T: Calle Placentera.

— Tomemos esta calle — dijo Eli.

Me asombraba ver lo cerca que estaban las casas, una junto a la otra. Vimos una puerta de garaje abierta, con dos vehículos estacionados dentro. Eli se subió a uno y yo, al otro. Estábamos tan agotados por haber caminado tanto que nos dormimos enseguida. Por la mañana llegó el dueño del lugar, preparado para ir a trabajar. Cuando descubrió a dos chicos amish durmiendo en sus autos, enfureció. Y nos gritó:

— ¡Fuera! ¡Salgan de mis autos o llamaré a la policía!

Medio dormidos y con hambre, volvimos a la calle Pleasant. Tardamos más o menos una hora en cruzar toda la ciudad y llegamos a una tienda llamada Big Wheel que era parecida a un Kmart. Antes de que entráramos en la tienda, Eli me advirtió:

— Tienen carteles grandes que cuelgan desde el cielorraso, con imágenes de las cabezas de la gente. Esos son los ojos que usan para vigilarte.

Era cierto: había grandes carteles colgados del cielorraso y con imágenes de personas, tal como lo había dicho Eli. Y sus ojos parecían seguirnos por todos lados.

Entramos a la tienda Big Wheel con una sola idea en mente: queríamos comprarnos ropa de ingleses. En ese momento, el gran éxito era la serie *Los Duques de Hazzard*. La camiseta que captó nuestra atención tenía una imagen de los Duques volando sobre una colina en su Dodge Charger 1969 de color naranja. Ambos nos compramos esa misma camiseta, un par de vaqueros y zapatillas deportivas de color blanco. Pagamos, fuimos a la parte de atrás del edificio de la tienda y nos vestimos con nuestra nueva ropa de ingleses. Tiramos nuestras ropas amish en un bosque, como si te deshicieras de un cadáver para que nadie pueda encontrarlo jamás.

— Volvamos al centro de la ciudad — sugirió Eli.

No teníamos idea de dónde viviríamos mientras nos dirigíamos hacia allí, con nuestras zapatillas blancas, los nuevos vaqueros y nuestro corte de cabello amish, pero sin sombreros. Imagínate que mi papá nos cortaba el cabello como si usara un tazón invertido para hacerlo. El cabello tenía que cubrirnos las orejas al menos hasta la mitad, y si crecía y la oreja ya no se veía, era hora de un nuevo corte. No era esa la regla en el condado de Holmes de donde veníamos. Allí dejaban que se viera la oreja entera, pero en nuestra comunidad todos teníamos que vernos idénticos. Así que allí estábamos, dos adolescentes con ropas de ingleses y cabello estilo Amish. En un momento llegamos a una venta de garaje. La señora que estaba sentada ante la mesa nos saludó:

— ¿De dónde vienen, muchachos?

— Abandonamos a los amish anoche.

Y mientras estábamos allí, viendo la ropa y buscando cosas para comprar, una camioneta grande se detuvo junto a la acera. Estaba cargada con gente amish. Entre todos ellos estaba mi mamá. Ella nos vio. Habíamos dejado nuestras notas de despedida menos de doce horas antes. Me habían encontrado.

Mamá bajó de la camioneta, avanzó hacia el garaje, me abrazó y lloró, lloró, y lloró. Me avergüenza hoy admitir que yo fui muy frío con ella.

— No vamos a volver. De nada servirá que nos rueguen que volvamos — dije en tono duro.

Finalmente, se fueron sin nosotros. Fue difícil. Fue algo que rompió mi mundo y el mundo de mi mamá.

La mujer que estaba allí nos preguntó:

— ¿Dónde dormirán esta noche?

Nos miramos y encogimos los hombros.

— Bueno, podrán quedarse en mi casa por un par de días. Tengo un dormitorio de más en el piso de arriba.

Decir que sentimos alivio sería una obviedad. Aunque fuese solo por un par de días, teníamos un lugar donde dormir mientras pensábamos en qué hacer después. Lo que no sabíamos era que su esposo estaba preso. Cuando descubrió que su esposa había invitado a dos hombres a quedarse con ella, se prometió a sí mismo que apenas saliera de prisión los mataría a ambos. Por supuesto, no sabíamos nada de lo que estaba pasando. Finalmente nos quedamos con la mujer durante tres días y nos hicimos amigos de otra familia que vivía cruzando la calle. La familia Clantz nos invitó a vivir con ellos.

Nos mudamos a lo de la familia Clantz, pero mis padres sabían dónde estaba yo. La primera vez que vino mi papá, me pidió y rogó que volviera a casa. También con él fui indiferente. Para mi sorpresa, desperté y vi que papá estaba allí todavía. Había dormido en los escalones de cemento de la entrada a la casa. Lo hizo varias veces. Lo ignoré. Tenía dieciséis años y estaba emocionalmente desconectado. No sentía el amor de mi papá, y no sentía amor por él tampoco.

Una vez, papá se encontró conmigo en un lote de aparcado con mucho movimiento en esa ciudad. Mientras papá me rogaba que volviera con los amish los autos pasaban, iban y venían, y de repente papá preguntó:

— ¿Puedo abrazarte?

Me impactó, y no podía creer lo que oía. Jamás me había abrazado. Allí estábamos, él con su ropa amish y yo, vestido como un inglés. Decir que se veía raro no logra describirlo. Éramos como dos árboles, rígidos como tablas, abrazados. Me sentía avergonzado, pero en lo profundo también sentí amor sincero que provenía de un hombre al que casi no conocía más que en lo superficial. Cuando me negué a volver con él a casa, lloró amargamente mientras se alejaba.

Desde el primer día papá empezó a ayunar. Pasó veinte días sin comer. Yo pensaba que uno moría si no comía durante dos semanas. Luego fueron tres semanas, y luego, cuatro. Sin comer. Todos sabían que mi papá no comía. Eli no lo soportaba.

— Joe, tienes que regresar. Tu papá va a morir.

Me negué.

Una noche, Eli ya no podía soportar la idea de que mi padre pasara un día más sin comer. Él y uno de los chicos Clantz (Scott), me dijeron:

— Sube al auto. Vamos de paseo.

Y entonces vi que me llevaban directamente a la granja de mis padres.

— Joe, aquí te quedas — dijo Eli. — Si no lo haces, tu papá morirá. Vas a tener que quedarte en casa.

Salí del auto porque sentí que no tenía opciones. Cerré la puerta con un golpe. Sentía enojo contra Eli. ¡Cómo se atrevía a hacerme esto!

Papá vino a mi encuentro antes de que llegara a la casa y me dijo:

— Anoche empecé a comer.

Deseaba que Eli lo hubiera sabido. Papá me dijo entonces que la noche anterior, estando en la cama, había tenido una visión, no un sueño. En la visión, una luz brillante del cielo iluminaba la cama donde se hallaba. Miró hacia arriba siguiendo el rayo de luz hasta los cielos y vio a un cordero blanco y puro que salía de la oscuridad hacia la luz. Y cuando llegó al centro del rayo de luz, volteó la cabeza y lo miró. Supo enseguida que era Jesús. El cordero lo miró durante un momento y luego volvió a internarse en la oscuridad, y la visión de mi papá terminó allí. Después de eso sentía certeza de que todo estaría bien.

Así que era el día después de que papá comenzara a comer y Eli me había dejado allí. Todo parecía muy raro. Cuando entré en la casa todos mis hermanos y hermanas estaban de pie, mirándome sin poder creer que su hermano llevaba ropa de ingleses y corte de pelo inglés. Estoy seguro de que sentían alivio porque había regresado y no iría al infierno.

Mamá y papá hablaban conmigo, intentando entender por qué había hecho eso. Papá incluso me prometió cosas en cuanto a vecinos que me habían dicho y hecho cosas feas por las que nunca fueron reprendidos. Me dijo que se había reunido con ellos para hablar de sus malas acciones, y ellos a su vez le habían prometido a papá que las cosas cambiarían y serían más buenos conmigo. Pero eso duró muy poco tiempo y la vida volvió a la normalidad: siempre ocupados durante muchas horas, sin conexión emocional verdadera con los que tenía más cerca. Me quedé en casa un par de meses y luego volví a irme. Esta vez papá visitó al juez del tribunal juvenil, el juez McKinley, y habló con él acerca de lo que debía hacer. El juez decidió que ayudaría a papá y vino a verme a la casa de los Clantz. Tras una conversación de una hora, me ordenó que subiera al asiento trasero de su auto y me llevó a casa. Frenó en la entrada y salió del auto. Yo, por mi lado, me quedé en el asiento trasero. Toda la familia se reunió en torno al auto, pero yo me negaba a bajar. Por su insistencia y sus ruegos, finalmente salí del auto. Estaba de regreso en casa, pero lleno de ira.

Mi rutina diaria consistía en trabajar medio tiempo en la granja y medio tiempo en la tienda de máquinas de mi padre. Pero a medida que pasaba el tiempo, mi mente volvía al mundo de los ingleses. Echaba de menos la libertad de escuchar música country, de vivir en una casa con aire acondicionado, de usar el auto para ir y venir y sí, extrañaba incluso los prácticos interruptores y tomacorrientes eléctricos que había en cada pared de la casa. Pasaron unos meses más y volví a huir, regresando a la casa de los Clantz por tercera vez. En esa ocasión me quedé allí durante tres meses. Papá decidió desistir y se mantuvo alejado casi todo ese tiempo.

Si bien había regresado a los amish varias veces, Eli seguía siendo un inglés. Con el tiempo ganó dinero suficiente con su empleo y pudo comprarse un auto y su propio departamento. También empezó a meterse con las drogas y el alcohol, y casi todos los fines de semana estábamos juntos.

En una ocasión, de fiesta con Eli, fumamos marihuana mientras conducíamos por la ruta. Inhalé el humo y lo retuve todo lo que pude. De repente me pareció que moría. No lograba oír mi respiración y me asusté.

Otra noche, mientras vivía como inglés, estábamos de fiesta en la casa de un amigo. Esa noche decidí que bebería todo el alcohol que pudiera, esperando que eso me ayudara a sobreponerme al hecho de que echaba de menos a mi familia y mi hogar. En un momento de la fiesta decidí bajar las escaleras hacia la planta baja de la casa y cuando di el primer paso perdí el equilibrio. Caí de cabeza por la larga escalera.

Mi primo Eli vino corriendo desde la cocina para ayudarme. Me hizo sentar en su falda junto a la mesa de la cocina, para ver si yo estaba bien. Este es un ejemplo perfecto del choque entre los dos mundos en que vivía. Me quedé sentado allí y lloré. Mi vida era un desastre, un triste desastre. Yo veía lo que pasaba, pero sentía impotencia en cuanto a qué hacer al respecto.

Un día de invierno, un muchacho amish que se llamaba Andy me llamó desde la casa de un inglés donde él hacía trabajos de carpintería.

— Estoy trabajando aquí — dijo —, y si puedes me gustaría sentarme a conversar contigo. Quiero tratar de entender por lo que estás pasando.

No había nadie en las a casa de los Clantz, pero las llaves del auto estaban colgadas allí, en la pared. Yo no tenía licencia, pero tomé las llaves y fui hacia el auto. Puse la llave en la ignición y empecé a conducir. Salí de la ciudad para ver a Andy, quien luego sería mi cuñado. Estuvimos sentados, conversando, durante mucho tiempo. Era fácil hablar con Andy y él parecía entender mi vida. Me sentí muy bien al poder desahogarme.

Finalmente dije:

— Andy, echo de menos a mi familia y mis amigos, pero no voy a regresar con los amish.

Para cuando volví al auto, llovía nevisca. Cuando faltaba un kilómetro y medio para llegar a la casa de los Clantz, un camión aminoró la marcha para girar. Intenté frenar sobre la calle helada, pero, horrorizado, vi que el auto patinaba. Y oí el fuerte ruido del choque. Todo sucedió muy rápido. Choqué de frente contra la parte trasera del camión. A los pocos minutos me vi rodeado de patrulleros de la policía. Me acusaron de haber robado el auto porque no tenía permiso para usarlo.

El policía me dijo:

— Elige: vas al centro de detención, o vuelves con tus padres.

Asustado, temblando, elegí volver con mis padres. Así que me llevaron en auto hasta mi casa. Salí del patrullero sin dudarlo, pero para mis padres y el resto de la familia todo esto ya se estaba volviendo cansador.

Capítulo 7

El bautismo y la integración a la iglesia amish

En la iglesia amish, el bautismo y el ingreso como miembro de la iglesia ocurren en el mismo día. Pero para llegar a ese día la iglesia requiere que los futuros miembros pasen por tres meses de preparación, algo así como son las clases de catecismo en algunas iglesias. En nuestra comunidad ese proceso se iniciaba en el año en que cumplíamos los diecisiete. Estaba prohibido comenzar antes de esa edad. Y si se hacía más tarde significaba que eras un rebelde.

El año en que cumplí los diecisiete, mi padre arregló una reunión conmigo para hablar del bautismo y la membresía de la iglesia.

— A mamá y a mí nos entusiasma que comiences con las clases de bautismo esta primavera. Lo esperamos con ansias — me dijo.

— Papá, no estoy tan seguro de estar listo como para dar ese paso — contesté —. Pero voy a tomarme un tiempo para considerarlo.

Para los padres, el ver que su hijo seguía los pasos de sus

antepasados era un sueño que se hacía realidad. La presión era importante. Yo no quería decepcionar a mis padres y sabía que si no comenzaba a tomar las clases toda la comunidad me clasificaría como desobediente hacia mis padres, mis antepasados, la iglesia y Dios.

Para mí, el problema era que no me sentía preparado. Mayormente tenía que ver con el hecho de que antes del bautismo yo estaba bajo la autoridad de mis padres. Si me portaba mal o hacía algo que no correspondía, mi padre y yo nos ocuparíamos de eso, entre nosotros dos. Pero todo eso cambiaría después de mi bautismo. Después tendría que rendir cuentas ante los predicadores y la iglesia en su conjunto. Yo ya sabía que no iba a poder cumplir con sus reglas y que cuando no lo hiciera, me pondrían como ejemplo en público. Incluso con toda la presión de cumplir con las expectativas de todos, no estaba seguro de que iba a poder pasar por ese proceso.

El día de mi decisión llegó muy rápido. Dependiendo de lo que decidiera, mi vida cambiaría para siempre. Al subirme a mi carro de un salto para dirigirme por el camino de casa hacia lo de William Weaver, donde ese día se realizarían los servicios de la iglesia, pensé en todas las reglas que teníamos que seguir en la cultura amish. Y allí estaba yo, a punto de tomar una decisión que incluiría el presentar mis votos ante Dios y la iglesia de que jamás abandonaría a la iglesia amish del Viejo Orden. Todo eso formaba parte del paquete de membresía.

Cuando la congregación empezó a cantar con sus himnarios, el obispo se puso de pie y dejó la sala para ir al piso de arriba. Le siguieron dos ministros laicos y el diácono. Ahora era mi turno de subir y seguir a los ministros para mi primera clase bautismal. Elmer Weaver, sentado a mi lado, me dio un codazo en las costillas.

— Joe, por favor, ven conmigo, porque no quiero ir solo.

En cualquier otro año habría al menos entre seis y ocho

muchachos de diecisiete años para la clase, pero este año éramos solamente dos: Elmer y yo. No éramos tan amigos, pero sí teníamos algo en común porque habíamos pasado juntos los ocho años de la escuela. Elmer se puso de pie y fue hacia la puerta que daba a la escalera. Los predicadores nos esperaban arriba. En ese momento me sentí como una marioneta, con hilos que alguien más manejaba. Me levanté y lo seguí. Nos sentamos formando un círculo: dos ministros laicos, el obispo, Elmer y yo. Los amish tienen dieciocho artículos de fe y teníamos que estudiar cada uno de ellos antes de poder ser bautizados. Como nos reuníamos cada quince días y estudiábamos dos artículos en cada reunión, en total nos tomaría nueve semanas. El problema para mí era que los dieciocho artículos estaban escritos en alemán y yo no lo entendía bien.

Nuestros antepasados habían escrito esos artículos en generaciones pasadas y más adelante me di cuenta de que contenían muchas verdades bíblicas. El problema al prepararse para el bautismo estaba en que la atención se centraba principalmente no tanto en los artículos de fe, sino en que te enfrentabas al desafío de someterte y estar en línea con las ordenanzas de la iglesia. Durante nuestras nueve semanas de sesiones de aprendizaje los miembros debían vigilarnos de cerca. Si alguna parte de nuestro estilo de vida no estaba de acuerdo con los parámetros de la iglesia, los miembros lo informarían al diácono, quien a su vez nos llamaría la atención. Yo fallaba en muchas cosas.

El diácono pasó por mi casa para conversar conmigo en la semana. Yo había plegado el ala de mi sombrero, decorándola para que se pareciera a los sombreros de los cowboys. Me dijo:

— No podemos aceptarte en la iglesia y bautizarte si no enderezas tu sombrero.

Así, si yo quería ser parte de la iglesia tenía que quitarle las modificaciones que le había hecho a mi sombrero.

Cuando cumplí los diecisiete, papá me compró un caballo negro llamado Mike y me animó a construir mi propio carro liviano desde cero. Usaría el caballo y el carro como transporte para ir a las noches de canto de los domingos y llevar a casa a las chicas si salía con alguna. Papá y yo nos tomamos un día libre del trabajo, contratamos a un conductor de taxi y fuimos al condado de Holmes, donde compramos lo que necesitábamos en diversas tiendas de carros: ejes, vigas, ruedas, tela impermeable, tela de tapicería, pintura, etc.

En los siguientes dos meses trabajé en mi carro siempre que pude. Eventualmente llegó el día en que todo estaba terminado, con excepción de una cosa. Tenía que pintar el carro de color negro. De pie frente a mi carro, me sentía muy bien por lo logrado, y en ese momento entró un hombre amish del vecindario. Lo primero que hizo fue sacar de su bolsillo una cinta para medir y midió la altura del tablero frontal.

Miró a su alrededor y dijo:

— Joe, ven aquí. Acabo de verificar tu tablero y encuentro que tiene treinta y ocho centímetros de altura. Según nuestra carta de ordenanzas de la iglesia, el tablero no puede medir más de treinta y siete. Tu tablero mide un centímetro de más.

No podía creer que este hombre se atreviera a inspeccionar mi trabajo y mucho menos que me dijera que me sobraba un centímetro de altura en mi tablero. Era la clase de miembro de la iglesia que iría directamente a contarles sobre esto a los predicadores. Si me negaba a corregirlo, los líderes de la iglesia lo harían público ante todos los demás y eso impediría que me bautizaran. Tras conversarlo con mi padre decidimos que podía rebajar el centímetro del tablero con una herramienta o desarmar todo el frente del carro y rearmar el tablero. Decidimos hacer esto último.

Con diecisiete años, no le encontraba sentido a tener que desarmar el frente de mi carro porque el tablero medía un centímetro más de lo permitido. Las comunidades amish liberales tienen tableros de carro que son más altos y en algunos casos, hasta parabrisas. Según el pensamiento de nuestra comunidad, los tableros más bajos significaban mayor humildad, pero esta meticulosidad por un centímetro de más tuvo su peso en mi decisión de abandonar la comunidad amish.

> ...habiendo cancelado el documento de deuda que consistía en decretos contra nosotros y que nos era adverso, y lo ha quitado de en medio, clavándolo en la cruz (Colosenses 2:14).

En otra ocasión, iba conduciendo mi carro hacia la reunión y alguien señaló que le había instalado la tapicería equivocada. Había usado una tapicería suave de color marrón y tenía que reemplazarla por vinilo de color negro de inmediato. No podía completar mi bautismo y membresía hasta que todo estuviese en línea con las ordenanzas. Como resultado, mi bautismo y el de Elmer se postergaban una y otra vez.

Finalmente, tuvimos una última reunión con los ministros y nos dijeron:

— Mañana les vamos a formular estas preguntas y responderán diciendo que sí a cada una.

Al día siguiente, el granero estaba lleno de gente. Después de las bodas, los bautismos en la iglesia amish son los sucesos que más personas atraen. Todo padre y toda iglesia quieren esto para sus miembros y en ese momento yo pensaba que era lo que Dios quería.

Ese día los servicios de la iglesia se parecían a todos los demás, con excepción de que al final nos hicieron arrodillar a Elmer y a mí, y se nos indicó hacer cuatro votos a Dios y la iglesia. El obispo preguntó:

— ¿Crees que Jesucristo es el Hijo de Dios?

— Sí, creo que Jesucristo es el Hijo de Dios.

Y así lo creía, pero mi fe en Jesucristo era un conocimiento mecánico mental que no llegaba a mi corazón. Formaba parte de una larga lista de otras cosas que me habían enseñado a creer.

Luego el obispo preguntó:

— ¿Puedes renunciar al diablo, al mundo y a tu carne y tu sangre?

Respondí:

— Sí, puedo renunciar al diablo, al mundo y a mi carne y mi sangre.

— ¿Puedes comprometerte con todas las ordenanzas de la iglesia según la Palabra del Señor y ser obediente y sumiso, y contribuir a todo ello?

Dije que sí.

— ¿Puedes comprometerte con Dios y Su iglesia y vivir de acuerdo a ello hasta que mueras?

Volví a responder que sí.

El voto a "comprometerte con Dios y Su iglesia" significaba la iglesia amish del Viejo Orden, donde estaban a punto de bautizarme.

Una vez hechos los cuatro votos, el obispo vertió agua sobre mi cabeza tres veces mientras el diácono formaba con sus manos un embudo de modo que el agua cayera sobre mi coronilla. Después, el obispo me dio un santo beso. Si la bautizada era una chica, la esposa del obispo habría sido la encargada de darle el beso santo. Los predicadores me habían informado durante las clases de membresía que el agua que caía sobre mi cabeza lavaría todo mi pecado. Les creía, con sinceridad. Desde mi posición de arrodillado me puse de pie, ya como miembro de la iglesia amish, creyendo que habían desaparecido todos mis pecados. Me sentía más liviano. Si moría de camino a casa iría directamente al Cielo. O eso pensaba. Más adelante aprendí que aunque me había mojado, eso era todo lo que había pasado ese día.

> Ustedes saben que no fueron redimidos de su vana manera de vivir heredada de sus padres con cosas perecederas como oro o plata, sino con sangre preciosa, como de un cordero sin tacha y sin mancha: la sangre de Cristo (1 Pedro 1:18-19).

Capítulo 8

La vida y la muerte

Durante nuestra niñez y adolescencia papá siempre encontraba cómo mantenernos ocupados. Como nuestra granja era orgánica no usábamos productos químicos en los cultivos, pero eso implicaba una enorme cantidad de trabajo extra para nosotros, cosas que no preocupaban a otros granjeros de la vecindad. Cuando papá nos enviaba a recoger plantas de mostaza, mi mirada recorría el campo lleno de miles de plantas con lindas florcitas amarillas y pensaba: "¡Nunca acabaremos con eso!". Mientras recogíamos cada planta por su tallito nos caían las lágrimas por las mejillas. Lo odiábamos, pero lo hicimos durante años.

También cosechábamos maíz y nos llevaba mucho tiempo con las ocho a diez hectáreas que tenía nuestro campo. Con una herramienta limpiábamos las hojas de las mazorcas. El trabajo nos llevaba un par de meses y a veces duraba hasta el inicio del invierno. Aunque usáramos guantes, estos se mojaban y los dedos se nos entumecían a causa del frío. También usaba un protector de cuero atado a mi mano derecha para pelar las mazorcas usando un gancho, y cuando la mazorca quedaba pelada, la separábamos de la planta y la echábamos en la carreta. Eso hacíamos con cada planta, cada mazorca.

Al inicio de la temporada nos parecía una tarea imposible de acabar, como si movieras una montaña usando una pala. Lo que nos dificultaba las cosas era que nuestros vecinos ingleses tenían máquinas cosechadoras con las que lograban cosechar todo un campo de maíz en un solo día, en tanto que nosotros lo hacíamos todo a mano, tallo por tallo. Siendo tan jóvenes la tarea nos parecía enorme, pero como éramos muchos por lo general usábamos dos carretas a la vez y avanzábamos de a cuatro hileras. De punta a punta recorríamos cada hilera hasta llegar a la última que había en el medio. Luego se acarreaba cada carreta de maíz desde el campo hasta la criba, donde pasábamos a mano las mazorcas hasta un elevador a motor. Los estantes sostenidos por cadenas llevaban las mazorcas por el elevador hasta la criba. Todos los otoños cargábamos las cribas con maíz y durante el año siguiente alimentábamos a las vacas y caballos vaciando las cribas con la pala.

El trigo y la avena se cortaban por lo general en la estación más cálida del año. Primero llevábamos la segadora tirada por caballos recorriendo los bordes del campo. Así, la máquina cortaba los tallos de trigo a unos diez centímetros del suelo y los echaba en una lona que formaba parte de la agavilladora, que con sus rodamientos formaba los atados o gavillas que, atados con un nudo, quedaban parados en el suelo. Habitualmente empezábamos temprano por la mañana y para el anochecer había atados preparados ya en todo el campo.

Después de terminar con las tareas y el ordeñe, toda nuestra familia salía al campo y se daba inicio al largo trabajo de levantar cada atado y llevarlo hasta determinado lugar donde se formaban conjuntos de atados. La tarea demandaba todo el día, a veces hasta la medianoche. Primero poníamos dos atados que se sostenían el uno al otro como formando una tienda. Y luego íbamos colocando los demás atados alrededor de esos dos, dejando espacios para que el viento los secara al pasar por dentro. Sobre todo este conjunto ubicábamos un último atado como cubierta protectora contra las lluvias. Todo eso lo hacíamos a mano y utilizando caballos. Los atados del trigo y la avena se cubrían con paja. A pesar de todo ese trabajo, el olor de la paja recién cortada sigue siendo uno de mis preferidos.

Teníamos una máquina trilladora que llevábamos de lugar en lugar para ayudar a los vecinos, y aunque se nos permitía tener una enfardadora, siempre poníamos paja suelta que hacíamos llegar al enorme granero llenando por completo la parte superior, que llamábamos galpón de paja. Con esa paja formábamos las camas para los animales, entre otras cosas.

La diversión

Visto desde afuera, uno podría pensar que la vida de los amish es todo trabajo y nada de juego o diversión, pero aunque nuestras opciones de entretenimiento eran pocas, algunas de las cosas que hacíamos para divertirnos ocupaban bastante de nuestro tiempo libre. Por ejemplo, nos encantaba salir a poner trampas. Pasábamos meses preparándonos para la temporada de trampas. Hervíamos las trampas sobre una fogata, las sacábamos de la vieja olla, las pasábamos por cera y las colgábamos. El primer día de la temporada lo pasábamos poniendo trampas para ratas almizcleras, zorros y mapaches. Además, nos permitían guardar el dinero que conseguíamos al vender pieles, lo cual por lo general invertíamos en nuevas trampas.

También nos gustaba cazar conejos, ardillas y ciervos. La caza de ciervos era importante. Y apenas terminaba la temporada empezábamos con los planes para el año siguiente.

Nos encantaba estar al aire libre y los animales, a los que no solo cazábamos o les poníamos trampas, sino que también nos gustaba tenerlos como mascotas. Teníamos cuervos, mapaches, conejos y hasta un zorrino. Los cuervos eran mis preferidos. Hoy sigo teniendo el oído afinado para oírlos cuando alimentan a sus crías. Era el sonido que cuando niños esperábamos porque significaba que quedaban pocos días, ya que los bebés cuervos crecen muy rápidamente. Con algunos tirantes de madera cortos, una bolsita de clavos y un martillo, recorríamos los bosques en busca del nido. Al ubicar el árbol donde estaba el nido de los cuervos, clavábamos escalones de madera en el tronco para llegar al menos a la primera rama. A menudo el nido estaba en lo alto del árbol, así que trepábamos como acróbatas entrenados, extendíamos los brazos para alcanzar el nido y recogíamos a los bebés. En los nidos casi siempre había solo uno o dos cuervos bebés.

Los llevábamos a casa y los alimentábamos con yema de huevo. Los cuervos bebés crecían pronto y eran buenas mascotas. Pasaban el verano volando por la granja o se posaban sobre nuestras cabezas y vivían en la casa con nosotros. Algunos de nuestros cuervos mascotas aprendían a pronunciar palabras como si fueran loros. Pero en el otoño volaban alejándose de la granja y entonces recortábamos las plumas de sus alas porque de otro modo se volverían salvajes y ya no volverían.

Otros pasatiempos divertidos incluían nadar en el verano o jugar al hockey en el invierno cuando se helaban los estanques. Nuestros palos de hockey eran de madera de pino, muy livianos. En los días de semana nos apurábamos para terminar con nuestras tareas lo antes posible. Para las 8:00 de la noche estábamos preparados con faroles de gas para ir a jugar, llevando nuestros palos de hockey y unas palas para limpiar el hielo. Pasábamos la hora siguiente con chicos de todo el vecindario, jugando al hockey con la intensidad de los profesionales hasta la medianoche. Para ese momento ya estábamos agotados y volvíamos a casa. Dos veces sucedió que alguien cayó porque el hielo se quebró y la profundidad del agua helada era de unos seis metros. Una vez, mi primo Eli casi no sobrevivió. Nos habían dicho siempre que si una persona salía a la superficie y volvía a hundirse por tercera vez, no viviría. Eli se hundió por tercera vez antes de que pudiéramos tomarlo y levantarlo para sacarlo del pozo de hielo.

En el verano, esos mismos espejos de agua eran para nadar. Todos sabíamos nadar muy bien y no pasaba casi una noche sin que fuésemos a nadar al estanque de algún vecino. Durante el día trabajábamos, pero apenas terminábamos con las tareas todos los chicos íbamos al estanque. No importaba si nuestras vacas o caballos bebían el agua del estanque, ni que hubiese peces, tortugas y ocasionales serpientes allí en el agua. Muchas veces caía la oscuridad y no lográbamos verles las caras a los demás, pero nos salpicábamos, reíamos y nos divertíamos.

Trabajar para los ingleses

Hasta cumplir los veintiún años teníamos que darle a nuestro padre lo que ganábamos trabajando, pero siempre intentábamos encontrar formas de ganar dinero extra porque si ayudábamos a nuestros vecinos con algún proyecto y nos pagaban, ese dinero podíamos guardarlo. Un día se nos ocurrió que podíamos domar caballos para los ingleses. Papá ya les colocaba herraduras a sus caballos y eso nos daba contacto con sus clientes. Poco después la gente se enteró de que los chicos Keim se ocupaban de entrenar caballos y los ingleses empezaron a traernos sus caballos y ponis para que los domáramos y pudieran montarlos. Nos divertíamos mucho haciéndolo y ganábamos algo de dinero extra para nuestros propios bolsillos.

Un día vino un inglés y dijo que quería comprar palomas para entrenar perros. Nos dijo:

— Les daré cincuenta centavos por cada paloma que atrapen y traigan a mi casa.

Se nos iluminaron los ojos. Y también nuestras cuentas

bancarias. Ese verano viajamos unos quince kilómetros en todas las direcciones, limpiando todos los graneros del vecindario. Para cuando terminamos apenas quedaban palomas en un radio de unos treinta kilómetros.

Una noche, durante esa temporada, algunos fuimos al granero de un vecino amish para atrapar palomas y encontramos que habían llenado el lugar con paja. El granero estaba tan lleno que con solo trepar hasta arriba lográbamos tomar a las palomas directamente de las vigas. El problema era que con tanta paja no pude ver que la estructura de tirantes que estaba en el centro formaba un marco que impedía que la montaña de paja cayera. Formaba un agujero desde arriba hasta el suelo de cemento del granero. Estaba tan oscuro que no vi ese hoyo y cuando quise pisar caí desde una altura de tres pisos. Caí sobre el cemento, justo frente a las vacas que estaban en el establo.

Quedé prácticamente inconsciente y cuando volví en mí tenía un enorme chichón en la parte de atrás de la cabeza, con algo de sangre. Me levanté y fui a casa. Al día de hoy, todavía tengo un espacio sin cabello en la parte de atrás de la cabeza que sirve como recordatorio continuo de cuando caí desde esa altura de tres pisos y sobreviví. Siempre creí que Satanás había querido matarme esa noche, pero Dios tenía otros planes y no lo permitió.

La construcción de un *karting*

Cuando tenía unos dieciséis años, mis hermanos y yo nos enteramos de que papá se iría durante una semana. Siempre habíamos querido construir un karting con motor y nos pareció que era el momento justo como para hacerlo. Hicimos nuestros planes y dibujamos el esquema del *karting*. Apenas se fue papá, tomamos cuatro ruedas de carreta y les ajustamos un eje para luego adosarlo a una plataforma de madera de unos sesenta y cinco centímetros de ancho por un metro veinte de largo. Después le calamos una ranura a la plataforma de madera, justo encima del eje trasero. Le añadimos una polea al eje trasero, con una correa en V que conectaba con un motorcito Briggs & Stratton ubicado sobre el eje. El frente del karting tendría el movimiento como el de la carreta, así que con un brazo conducíamos y con el otro presionábamos el motor hacia abajo para tensar la correa. Finalmente lo terminamos y estábamos preparados para probar nuestro vehículo casero. Con entusiasmo, lo empujamos para sacarlo de donde estaba guardado a puertas cerradas y lo ubicamos sobre el camino de entrada. Como yo era el mayor y el *karting* era idea mía, mis hermanos me dejaron ser el primero. Con mi mano izquierda tomé la palanca de conducción y con la derecha hacia atrás sostuve el motor a gasolina un poco hacia adelante. Al principio la correa humeaba como loca, pero cuando el karting empezó a avanzar todo fue una gloria. A toda velocidad, unos quince kilómetros por hora, salí por el camino de piedritas hacia la calle, sin frenos. A medida que me acercaba al final del camino de salida, aminoré la marcha para poder girar. A partir de allí, la calle de asfalto ya era más ancha. El ruido de las ruedas sobre las piedritas ya no se oía y avanzaba con más agilidad. Poco a poco dupliqué la velocidad a unos treinta o cuarenta kilómetros por hora. Y entonces, sucedió.

Las ruedas pisaron unas piedras sueltas que había a un lado de la calle y perdí el control. En un abrir y cerrar de ojos me encontré tirado en la zanja, doblado en dos por el dolor y con mi *karting* dado vuelta por completo y echando humo.

Mis hermanos vinieron corriendo sin saber si estaba vivo o no. Rápidamente pusimos el karting en posición, limpiamos el polvo y la gasolina y enseguida el motor Briggs & Stratton ya estaba funcionando de nuevo. Durante los días en que papá no estuvo condujimos esa cosa por todas partes.

Al día de hoy mi vecino inglés sigue hablando de ese momento. Suele decirme:

— Estaba junto a la ventana, riendo a más no poder al ver a estos chicos Amish allí afuera con su carrito motorizado. Cuando miro hacia atrás, me sorprende que no nos rompiéramos el cuello. Pero nos divertimos mucho y no recuerdo que nos hayamos metido en problemas por hacerlo.

El contacto con los ingleses

Estábamos tan apartados de la cultura de los ingleses que rara vez entrábamos en sus casas. A los lectores que no son amish quiero explicarles por qué llamábamos ingleses a los que no eran amish. Sencillamente, porque hablaban inglés. Nosotros en casa hablábamos un dialecto oral del holandés de Pensilvania, o neerlandés, nuestra lengua materna común para hablar entre nosotros. Aprendíamos inglés al ingresar a la escuela, a los seis años.

Recuerdo que una vez me invitaron a una casa inglesa. Hicieron palomitas de maíz y nos mostraron diapositivas de su viaje a Israel, pero lo que realmente me llamó la atención fue la alfombra que pisaba. "Oh, ¡qué lindo sería tener alfombras!", pensé. Pero en casa eso sería ir contra las reglas de la iglesia.

A veces los clientes ingleses que iban a la tienda de papá nos compraban dulces. Mi papá prefería lo orgánico y natural, y eso no le gustaba. Una vez, tomó nuestros dulces y nos hizo cavar un hoyo para enterrarlos. Nuestras lágrimas regaban el suelo mientras obedecíamos. No recuerdo haber ido a desenterrar los dulces, pero sí recuerdo que estaba muy enojado. ¿Qué mal había en comer dulces?

Nuestra familia solía hacer helado casero con frecuencia, pero ¡cómo nos gustaba el helado comprado! Muy de vez en cuando algún cliente inglés nos sorprendía con varios kilos de helado comprado de la marca Smith Dairy. Era un regalo especial para nosotros. Como no teníamos un congelador eléctrico para conservar el helado hasta la hora de la cena, toda la familia dejaba de trabajar inmediatamente para reunirnos en torno a las cajas de helado con cucharas en la mano. Comíamos directamente de las cajas.

Un día llegó un inglés que mascaba tabaco y los chicos mayores aceptamos que nos diese una hoja de tabaco, y la mascamos. En apenas unos minutos empezamos a sentir mareos y náuseas, estábamos descompuestos. Los tres nos fuimos a acostar bajo la sombra del olmo más grande, sintiéndonos muy enfermos.

Una de mis más grandes aventuras de pequeño con el mundo inglés sucedió en una fiesta amish que llamamos Pinkst Mundog. Es una fiesta que celebrábamos cincuenta días después de las Pascuas. Ese día, todos íbamos a pescar. Solíamos ir en grupos, con primos y amigos del vecindario. En esa ocasión mi primo Eli y yo dijimos que íbamos al lago a pescar, pero en cambio fuimos al Kmart. Ir al pueblo era algo infrecuente. Yo no sabía siquiera cómo llegar al Kmart, pero Eli era un poco mayor y conocía el camino. Lamento admitir que robé dinero de la caja registradora de papá para gastar allí. Compramos relojes a batería, un auto de juguete con una pista de carreras y una cámara. Todas esas cosas estaban prohibidas por las reglas de la iglesia.

Mientras estábamos allí papá llegó al pueblo. Estábamos tan concentrados en nuestras actividades ilícitas disfrutando de nuestra libertad, que no lo vimos entrar en el Kmart. Pero él sí nos vio. Sin embargo, no nos dijo nada, ni se hizo ver. Jamás nos enteramos de que había estado allí, hasta la noche.

Cuando volvíamos a la comunidad nos divertimos mucho con esa cámara. Tomamos muchísimas fotografías y jugamos con nuestros juguetes y relojes a batería. Antes de llegar a casa acordamos que diríamos que "pescamos durante todo el día, pero que no hubo pique, aunque nos divertimos de todos modos".

Esa noche mi familia se reunió alrededor de la mesa para que cada uno contara cómo le había ido con la pesca. ¿Quién había atrapado el pez más grande? ¿Quién había pescado más? ¿Quién se había mojado más? Cuando ofrecí contar lo mío sobre Eli y yo, y los peces que habían comido la carnada sin quedar atrapados en el anzuelo, todos se sintieron tristes porque no habíamos pescado nada. Todos, excepto papá. Esperó hasta que estuviesen todos ya en la cama y luego me dijo que había ido a Kmart ese día.

Sentí en la boca del estómago un peso enorme antes de que dijese que nos había visto siquiera. No hace falta decir que papá estaba muy molesto. Hoy tengo una sola fotografía de ese día. No tengo idea de qué sucedió con las demás, pero Eli y yo nos divertimos mucho.

Leander

Mi primo Leander vivía del otro lado de la calle frente a nuestra casa. Desde pequeños éramos muy amigos y por eso jugábamos juntos cada vez que teníamos oportunidad. Jugábamos al hockey sobre hielo, íbamos a nadar en las noches de verano y poníamos trampas para atrapar animales salvajes. Durante la época de escuela caminábamos juntos los dos kilómetros de ida y vuelta y hablábamos sobre todo tipo de cosas, compartiendo secretos.

Durante los meses de verano, Leander y yo pasábamos muchas tardes de domingo buscando cabezas de flecha. Se las vendíamos a un inglés del vecindario, por cinco a diez dólares dependiendo de su tamaño y condición.

También recogíamos huevos de todo tipo de pájaros habidos en nuestra parte del estado, como hacen otros niños que juntan piedras. Como queríamos quedarnos con los cascarones, teníamos un alfiler de metal para perforar apenas los extremos del huevo y luego lo vaciábamos soplando. De ese modo, no se pudriría. Creo que nuestras colecciones tenían unos cincuenta tipos de huevos, todos diferentes. Si alguno tenía un huevo que al otro le faltaba, hacíamos intercambios. Los poníamos en una caja de zapatos que habíamos hecho con divisiones y rodeados de suave algodón.

A ambos nos encantaba montar nuestros ponis los domingos por la tarde y juntos solíamos correr carreras a toda velocidad. No era raro que los ponis nos hicieran caer, pero nunca nos lastimamos en serio. Leander y yo compartíamos de todo. Hasta nos enamoramos de la misma chica: Lydia Byler.

Cuando yo tenía diecisiete y él, dieciséis, los dos pasamos varias noches acampando en nuestra tienda hecha en casa, justo al borde de los bosques cercanos a un estanque donde solíamos jugar al hockey y nadar en las noches de verano. Durante varios años habíamos usado una rama de árbol para saltar y zambullirnos, pero era tan alta que para cuando chocábamos con el agua el golpe en la cabeza era fuerte. Y si por accidente la zambullida salía mal y caíamos sobre la barriga, nos quedábamos sin aliento durante un rato.

Finalmente, un día Leander dijo:

— Construyamos un trampolín de verdad.

Cortamos cuatro postes redondos y dos tirantes gruesos de madera y los llevamos hasta el estanque. Y construimos un trampolín. Estábamos muy entusiasmados, impacientes por usarlo.

Unos días después, Leander y yo nos encontramos al terminar con nuestras tareas y fuimos a nadar y disfrutamos de nuestro nuevo trampolín. Como tantas otras noches en que terminábamos nadando nos internamos en el bosque, caminando unos cientos de metros, y allí dormimos en nuestra tienda. Nos dormimos profundamente en apenas unos minutos. Cuando desperté a la mañana siguiente me di cuenta de que era tarde y Leander ya se había ido. Abrí la entrada de la tienda y lo vi caminando hacia su granja, con el borde su camisa gris fuera del pantalón.

Unas cinco horas más tarde estaba yo en el campo cortando

tallos con la enfardadora, justo frente a la granja de Leander. De repente oí que alguien gritaba mi nombre. Era el hermano de Leander, David, y me estaba llamando.

— Deja de trabajar. ¡Parece que Leander se ahogó!

Salté de la enfardadora y ni siquiera até los caballos. Corrí, con la mente en blanco porque estaba impactado y no podía creerlo. Mis pies golpeaban sobre el camino al estanque, el lugar donde habíamos acampado la noche anterior. Me detuve sobre la orilla del estanque, agitado y casi sin aliento mientras miraba el agua. "Leander podía estar en ese pozo oscuro y profundo", pensé.

La ropa de Leander estaba en la orilla, pero él no estaba. Llamaron a los buzos y los vecinos amish se reunieron junto al estanque. Permanecimos todos callados mirando el agua, buscando alguna señal de Leander. Los buzos subían a la superficie cada tanto, para volver a sumergirse y seguir con la búsqueda. No sería posible describir lo que sentía. El tiempo se había detenido y parecía durar una eternidad. Esperaba desesperadamente que Leander apareciera de la nada, que nos sorprendiera, por imposible que pareciese esa situación. Era demasiado joven para morir y además era el que mejor nadaba comparado con los demás. Pasaban las horas y no había señales de él ni de su cuerpo.

De repente, uno de los buzos sacó la cabeza del agua y asintió. De inmediato todos supimos lo que significaba eso. Habían encontrado su cuerpo. No podía creerlo, pero tuve que aceptarlo. Es lo más difícil que haya tenido que vivir en toda mi vida. Sacaron del agua su cuerpo sin vida, su familia lo identificó y lo metieron en una bolsa para cadáveres.

En ese momento pensé en el encendedor de cigarrillos que solía llevar en su bolsillo. Me aparté del lugar y corrí hasta su casa. Subí los escalones de a dos a la vez hasta su habitación y encontré el encendedor. Lo tomé y oculté en mi bolsillo para proteger su secreto. Mi objetivo era asegurarme de que nadie supiera que él tenía un encendedor de cigarrillos, algo prohibido. No quería que nadie pensara que Leander iría al infierno por desobedecer las reglas de la iglesia.

A solas con mis pensamientos me preguntaba si de alguna forma podríamos saber que Leander estaba en el Cielo. Acudí a uno de los predicadores de la iglesia:

— ¿Tenemos alguna certeza de que Leander está en el Cielo? — le pregunté, porque necesitaba saberlo.

Todavía puedo oír lo que respondió el viejo predicador:

— Bueno, la iglesia amish siempre ha enseñado que uno no rinde cuentas de sus pecados hasta que forma parte de la iglesia. Y como a Leander le faltaba todavía un año para ser miembro, creemos que sus pecados están cubiertos y que está en el Cielo.

Recuerdo haber pensado mientras me alejaba: "¿Tendrá razón?".

El accidente de Leander nos dejó preguntándonos qué podría haber pasado ese fatídico día de 1984. Según su papá, había estado rastrillando paja en un campo cercano al estanque. Solo podíamos suponer que quiso dejar descansar a los caballos y que fue al estanque para refrescarse un poco. Como faltaba la tabla del trampolín que habíamos hecho y se la halló flotando en el agua, tenemos que creer que mientras saltaba y se preparaba para zambullirse los clavos que sostenían la tabla se habían salido de lugar. Lo más probable es que Leander cayera al agua y que cuando subió a la superficie para respirar, la tabla cayó sobre su cabeza y lo dejó inconsciente por el golpe. Mirando hacia atrás me he preguntado varias veces por qué habíamos usado solamente unos clavos.

Durante muchos años después de que Leander muriera yo soñaba con él a menudo. A veces me culpaba por haber sido la causa del accidente. Y hoy mismo sigo pensando en lo amigos que éramos, en lo devastadora que fue para mí la pérdida de mi mejor amigo.

Siempre creí, y sigo creyendo, que Dios jamás permite que el dolor sea en vano. En el caso de Leander, Dios utilizó la muerte para ponerme en el camino que me llevaría a averiguar si podíamos tener certeza de la salvación. Nunca pensé que la Biblia tenía la respuesta porque nos habían enseñado a creer lo que creía la iglesia. Pero la Biblia sí tiene la respuesta:

> Y el testimonio es este: *que Dios nos ha dado vida eterna*, y esta vida está en Su Hijo. *El que tiene al Hijo tiene la vida*, y el que no tiene al Hijo de Dios, no tiene la vida. Estas cosas les he escrito a ustedes que creen en el nombre del Hijo de Dios, *para que sepan que tienen vida eterna* (1 Juan 5:11-13, énfasis añadido).

Capítulo 9

La vida fuera de control

Para cuando tenía diecisiete años ya había abandonado a los amish varias veces, así que la mayoría de los padres de la comunidad de Ashland se habían cansado de mi rebeldía. No querían que sus hijos anduvieran conmigo porque temían que los metería en problemas o, peor todavía, que los llevara por mal camino. Fue entonces que apareció en mi vida Levi Miller. Era el hijo del obispo y jamás había abandonado a los amish, pero las radios, los cigarrillos y el alcohol formaban gran parte de sus fines de semana. Nos hicimos amigos enseguida y empezamos a pasar juntos cada fin de semana. En muchas ocasiones tomábamos nuestro carro y salíamos de la comunidad amish, donde nadie pudiese ver lo que estábamos haciendo.

Encontramos un lugar donde nos vendían alcohol aunque no teníamos edad suficiente y la mayoría de los domingos nos emborrachábamos. Yo vivía como se me daba la gana a pesar de ser miembro de la iglesia. En casa ya me habían atrapado ebrio, o con una radio o cintas grabadas, y papá con su pesado martillo había destrozado cada una de esas cosas.

Además de comprar alcohol, fumábamos. A veces me

importaba y otras veces, no. La iglesia me disciplinó públicamente en varias ocasiones. Yo les importaba a ellos, pero a mí ellos me tenían sin cuidado. Estaba tan centrado en mí mismo que resultaba increíble.

¿Qué fue lo que hizo que tomara ese camino? Buena pregunta. En mi opinión, gran parte de todo eso tenía que ver con mi percepción de que papá no tenía tiempo para mí. Yo estaba desesperado por pasar tiempo con él y tener su aprobación. Y cuando no lo conseguía, me daba por vencido y buscaba otras formas de llenar ese vacío que tenía en mi vida. Pero también sé que para los que aman a Dios, todas las cosas cooperan para bien, esto es, para los que son llamados conforme a Su propósito (Romanos 8:28). Es Dios quien tiene el control. Este versículo no dice que todas las cosas sean buenas, sino que en conjunto obrarán para bien, y es así como Dios terminó obrando en mi vida incluso en esas épocas oscuras.

A lo largo de mis distintas escapadas le robé mucho dinero a mi papá. ¡Una época miserable de mi vida! Y no solo le robé a mi papá, sino que cuando estaba fuera de los amish, merodeaba por su comunidad y les robaba mientras estaban en la iglesia. Más tarde, cuando tenía dieciocho años, el Señor me salvó y fui y les devolví el dinero a esas personas. Algunos me decían: "No hace falta, Joe", pero yo dejaba el dinero en sus galpones de ordeñe.

También trabajé gratis para mi papá para pagarle, no solo el dinero que le había robado, sino la camioneta que había chocado. Papá había cubierto esos gastos, pero me pidió que le devolviese el dinero. Aunque las horas de trabajo hubiesen terminado, yo hacía llamadores de viento y los vendía para ganar dinero extra. No sabía que mi papá supiese que le había sacado dinero. Creía ser muy astuto, pero así como él sabía dónde estaba yo y qué estaba haciendo, también sabía que le había robado.

— Te he visto robarme dinero a lo largo de los años — me dijo. Su cálculo llegaba a un total de mil dólares.

Las citas amish

Durante mis nueve difíciles semanas de clases para el bautismo, un hombre de nuestra comunidad se esforzó por lograr que saliera en una cita con su cuñada, Esther Yoder. Yo casi no la conocía, pero sabía de la existencia de su familia. Vivíamos en la misma comunidad, aunque en lados opuestos. Su casa quedaba a una hora de la mía en carro. El motivo de este muchacho amish de insistir en que saliéramos juntos era que estaba seguro de que si conseguía engancharme con Esther yo sentaría cabeza y me quedaría con los amish. Pero en mi corazón yo no quería una novia amish. Sin embargo, accedí a tener una cita con ella.

Tengo que decir que no era lo que yo esperaba. No solo era hermosa y más o menos de mi altura, sino que me encantaba cómo hablaba. Cuando nuestra cita estaba por terminar esa noche, Esther se acercó y me besó el cuello, dejando una marca. Sentí algo de vergüenza y me alegré de que la llama del farol de kerosene estuviera baja porque de ese modo no pudo ver cómo me sonrojé. Jamás me había besado una chica y me puse tenso, sin saber cómo reaccionar. Ella me aceptaba tal como era y volví a casa sabiendo que esa chica tenía algo especial que me gustaba en serio.

Antes de continuar con el relato de mis citas tengo que explicarles a mis amigos que no son amish cómo es el sistema de citas para los amish. Por supuesto, hay variaciones entre una comunidad y la otra, pero en mi comunidad las rumspringa (citas) comenzaban a los diecisiete años. El tema es que los domingos teníamos los servicios de la iglesia, comíamos conservas para el almuerzo, más remolachas y pan con manteca de manzana y maní, y luego todo el mundo volvía a su casa. El domingo por la noche los jóvenes volvían a la casa donde se había realizado el servicio de la iglesia. Allí, los bancos todavía estaban ubicados como para el servicio.

Nos reuníamos en la cocina: los muchachos y las chicas

sentados en los mismos bancos de madera que habíamos usado horas antes, aunque ahora nos sentábamos frente a frente. La cantidad de jóvenes depende del tamaño de la comunidad, pero en general se formaban tres o cuatro hileras de muchachos y otras tantas de chicas. Allí permanecíamos sentados desde las 8:00 hasta las 10:00 p. m., cantando y mirándonos. Aunque eran en alemán, las canciones tenían un ritmo más vivaz que las que se cantaban durante el servicio de la iglesia.

El grupo de jóvenes incluye a chicas y chicos que están ya en una relación de citas. Y también a los que todavía no salen con nadie. Hasta tanto una chica tenga un candidato en firme, todos los muchachos que están libres pueden tratar de tener su cita con ella. Las chicas no van activamente tras los varones, pero los muchachos sí buscan a las chicas. Cada chica puede aceptar o rechazar las ofertas.

Y la oferta suele hacerse con disimulo. Lo normal es que si yo quería tener una cita con una chica como Esther, no iría a decírselo directamente. Le escribiría una carta para preguntarle si me permitía tener una cita con ella. El proceso podía llevar varias semanas y no era una forma muy práctica o popular de arreglar citas. La mejor forma era enviar a un amigo confiable para que después de cantar le preguntara a la chica: "¿Puede Joe Keim llevarte a tu casa esta noche?".

Si la chica decía que no, allí terminaba la cosa. Pero si aceptaba, no querías que nadie se enterara, y eso es lo que explicaré ahora.

En mi caso, envié a mi amigo confiable Levi Miller para que le preguntase a Esther, y ella dijo que sí. Así que él acompañó a Esther en su camino a casa a lo largo de dos kilómetros o más y luego aparecí yo en mi carro y la llevé hasta su casa. Cuando llegamos, ella se bajó del carro mientras yo iba al granero para atar a mi caballo porque iba a quedarme allí hasta las dos de la mañana.

Para cuando terminé de atar al caballo, Esther ya se había cambiado la ropa y vestía un camisón de citas. Me quité el sombrero y me puse cómodo. Según los estándares de la iglesia, podíamos tener una cita de dos formas diferentes. La primera era con dos sillas enfrentadas, o también podían ser mecedoras según prefiriera la muchacha. El muchacho se sentaba en la silla y la chica se sentaba en su falda. Tuve esa experiencia en una cita con otra chica y se me durmieron las piernas. Cuando ella se levantó, yo no podía moverme. Tuve que esperar hasta recuperar el flujo sanguíneo de mis piernas.

Con Esther no elegimos ni la mecedora ni las sillas. Elegimos el sofá y rompimos las reglas varias veces al acostarnos en el sofá a la luz danzante del farol de kerosene que iluminaba la pequeña sala de estar. Sus padres estaban en su dormitorio, justo del otro lado de las puertas dobles. Más o menos en la mitad de nuestra cita Esther se levantó y trajo algo de comer que ya estaba preparado para ambos. Pero a las 2:00 de la madrugada se acababa el tiempo y la cita debía terminar. Un par de veces me quedé hasta las 2:30 y su mamá golpeó la puerta diciendo: "Hora de irse".

Eso era todo lo que decía y yo sabía que ya no podía quedarme.

En el caso de Esther, hubo al menos seis muchachos más que arreglaron citas con ella. La mayoría de las veces no pude pedirle una cita de domingo por la noche porque ya tenía reservadas esas fechas con cuatro a seis semanas de anticipación. Y debido a la forma en que lo hacíamos yo nunca podía saber quiénes eran los que arreglaban citas con ella, o si yo sería el que finalmente quedaría como novio fijo. Para mí, la situación era muy difícil. Para colmo, me enteré de que mi amigo Levi también tenía citas con Esther ¡y nunca me lo había dicho! Realmente me dolió mucho el enterarme.

Todo esto sucedía antes de que un muchacho y una chica empezaran una relación en serio. El secreto se guardaba porque uno no quería que los otros solteros supiesen que tenías una cita, porque irían de casa en casa buscando al que tal vez estaba en su primera, segunda o tercera cita para hacerle alguna jugarreta.

Una noche, durante una de mis citas con Esther, un grupo de chicos se acercó a escondidas y empezaron a golpear la ventana. ¡Eso nos asustó! No podíamos ver nada en la oscuridad, por lo que no sabíamos quiénes eran. Pero ellos de algún modo se habían enterado de que yo tenía una cita esa noche. A veces te sacaban una rueda del carro y clavaban el eje a través del cerco para volver a colocar la rueda. Así, cuando te ibas arrancarías el cerco. Otras veces ponían sogas a baja altura para que tropezaras cuando salías de la casa.

Había bromas bastante pesadas. La peor que me hicieron fue una noche en que no pude encontrar a mi caballo a la hora de volver a casa. Los bromistas dejaron el carro, pero yo no tenía idea de lo que había pasado con mi caballo. No sabía si se había soltado o si alguien se lo había llevado. Supe luego que lo habían llevado hasta el granero de otro vecino amish que vivía en la misma calle y no logré llegar a casa hasta que ya era la hora de comenzar con mis tareas de la mañana.

Después de un tiempo Esther empezó a elegir entre los candidatos. Tuvimos unas seis citas en ocho meses y yo estaba tan enamorado que no creía poder vivir sin ella. Una noche esos sentimientos se me hicieron muy difíciles de soportar.

— Esta noche tienes que decirme si soy el que eliges o no. No puedo seguir así, sin saber.

Sentía que el miedo me exprimía por dentro porque me preocupaba que dijese que no. Esa noche hablamos y hablamos, pero ella no me dio una respuesta. Supuse que no tenía coraje como para decirme que su respuesta era "no".

Fui a casa, sin saber qué pensar. Mi mundo quedó patas para arriba días después cuando me enteré de que Esther había abandonado a los amish. Y para empeorarlo todo, supe que se había ido a vivir con un tipo inglés del que yo desconfiaba. Llamé a un inglés conductor de taxis y le pregunté si podía llevarme a ver a Esther Yoder.

Cuando la encontré, ella me contó en confianza lo que le pasaba. No era feliz. El tipo con quien vivía estaba casado y se le insinuaba. Eso me dio una idea novedosa. Le rogué que dejáramos juntos a los amish.

— Podemos irnos juntos, mudarnos a la ciudad y conseguir empleos.

Estuvo de acuerdo, pero mientras tanto volvió con los amish. No nos fuimos enseguida, pero planificamos que abandonaríamos juntos a los amish y nos mudaríamos a la ciudad. La noche del domingo siguiente, tras una semana, fui a buscarla. No fuimos a la reunión de canto, sino que nos encontramos a mitad de camino. Con el carro entramos a oscuras en el barrio y pasamos el tiempo bebiendo.

Mi caballo tenía un carácter fuerte y a veces se volvía un tanto salvaje e incontrolable, en particular ante las señales de tránsito en las que había que detenerse. Cerca de la medianoche, avanzábamos ya a buen paso. Frente a nosotros, el auto de un inglés se dirigió de repente hacia la ruta. Nuestro carro chocó con el automóvil. El caballo se soltó, pero nadie se lastimó.

Tuvimos que arrastrar el carro hasta la casa de Esther. Nuestra imagen era deplorable: borrachos y empujando el carro tras el accidente. Su papá nos vio llevando el carro hasta la casa y estalló en ira.

— No quiero que tengas citas con mi hija. No quiero que vuelvas a pisar nuestra casa.

Toda la culpa de lo sucedido esa noche era mía y lo tenía merecido.

Más tarde, justo antes de que estuviésemos a punto de dejar juntos a los amish, el inglés que había entrado en la ruta frente a mi carro fue a la tienda de mi papá para preguntar cuánto dinero hacía falta para reparar el daño que había sufrido mi carro. Sentí que mi corazón se aceleraba. Ese dinero podría ser el que necesitábamos para vivir hasta que encontráramos empleo.

— Mil dólares cubrirían los gastos de la reparación — respondí.

El inglés me miró y dijo:

— Suena justo, y bastante más barato que reparar un automóvil.

Hicimos un trato, pero mientras conversábamos llegó el diácono de la iglesia y escuchó lo que decíamos. Se dio cuenta de lo que sucedía y nos interrumpió, diciendo:

— No se preocupe. Nosotros nos haremos cargo.

Con eso desapareció mi oportunidad de conseguir dinero fácil. Realmente me sentí muy enojado.

Capítulo 10

El don de la vida eterna

Sentar cabeza

En la comunidad amish hay muchos adolescentes que se rebelan contra sus padres y se meten en problemas con la iglesia por cosas como tener una radio o beber. En el caso de Esther, la iglesia la acosaba todo el tiempo porque su ropa o su cofia eran demasiado elegantes y ella tenía dificultades internas con las reglas amish ya desde que era pequeña. Una vez su padre le dijo que fuese a buscar al veterinario, pero ella no entendía por qué estaba bien usar el teléfono del vecino si no se les permitía tener uno en casa. Le parecía un caso de doble vara. La segunda vez que su padre le pidió que llamara a alguien por teléfono, lloró porque no quería usarlo ya que tener teléfono era pecado.

— Ve y haz lo que te pedí — le dijo su padre —. Así es como lo hacemos los amish.

Esas cosas le molestaban de veras. "Si hacemos lo que hacemos tan solo porque siempre lo hicimos de ese modo, yo no quiero formar parte de esto", pensó. Cuando niños, se nos programaba para que creyéramos determinadas cosas sin cuestionamientos. Pero cuando nos hacíamos un poco mayores teníamos que integrar en nuestro interior esas creencias. La mayoría de las veces no había problemas y esas mismas creencias se pasaban a la siguiente generación. En mi caso, mi desconexión con mi padre me parecía rebeldía. Pero en realidad mi rebeldía tenía su origen en el mismo problema que tenía Esther. Me resultaba difícil que esas cosas controlaran mi vida cuando no tenían sentido alguno.

Tenía dieciocho años cuando Esther y yo nos mudamos a la ciudad. Nos fuimos juntos y ambos conseguimos nuestras licencias de conducir y empleos. Ella trabajaba para una señora mayor, cuidándola. Y yo me presenté como candidato para trabajar en un taller de soldadura del lugar. Cuando me llamaron para la entrevista, llamé a uno de los clientes ingleses de mi padre y le pregunté si me permitía ir a practicar con su soldadora eléctrica. Jamás había usado una soldadora eléctrica y quería asegurarme de que podía hacerlo.

El cliente aceptó ayudarme:

— Claro que sí, ven y practica todo lo que quieras.

Después de practicar durante varias horas ya me sentía cómodo. La entrevista y la prueba de soldar salieron bien, y conseguí el empleo. Me pagarían $ 3,35 por hora, el salario mínimo en ese momento. Jamás olvidaré el grandioso sentimiento de haber cobrado mi cheque al término de la primera semana.

Al principio nos quedamos en casa de una familia, pero luego nos mudamos a nuestro propio apartamento. Vivíamos como queríamos. Papá venía constantemente al taller de soldadura donde trabajaba para recordarme que estaba viviendo con mi novia y que el sexo fuera del matrimonio estaba mal.

— Irás al infierno — me decía.

Yo no veía esas visitas como muestras de amor, como prueba de que le importaba lo que pudiera sucederme. En mi opinión, me estaba juzgando y se entrometía en mi vida. Justificaba mi conducta y estilo de vida diciéndole que al menos no cambiaba de mujer todo el tiempo.

También hice lo que hacen muchos cuando abandonan a los amish: tiré a la basura todas las reglas. Y como casi no sabía nada de la Biblia, a menudo no sabía si esas reglas eran originadas por los amish o si de veras eran bíblicas.

La salvación

Dios tenía otro plan para llegar a mí. Una familia ex amish de mi comunidad se mudó al apartamento que estaba junto al nuestro. Paul y su esposa, Miriam, habían sido salvos unos años antes gracias a un estudio bíblico con personas inglesas. Por su apertura y evangelización hacia otras familias amish de mi comunidad, los preocupados padres de Paul habían venido de Wisconsin para tratar de convencer a su hijo y su nuera de que dejaran de ir a los estudios bíblicos. Temían que Paul y Miriam abandonaran a los amish. Una noche de enero mientras sus padres estaban en casa, Paul, Miriam y su hijita escaparon trepando desde una ventana del segundo piso y bajando por una escalera que habían apoyado allí. Dejaron su casa, sus pertenencias y sus animales y huyeron a Kentucky, donde vivieron durante más o menos un año.

Pero cuando se enteraron de que Esther y yo habíamos abandonado a los amish, Paul y Miriam decidieron volver a Ohio y se mudaron allí como vecinos nuestros. Vivían en el apartamento que estaba junto al que ocupábamos. Paul se esforzaba por compartir conmigo el evangelio, pero yo no quería saber nada de todo eso. Suponía que tenía que obedecer a mis padres y volver con los amish si quería ir al Cielo.

Desde mi perspectiva, Paul y su familia parecían estar yendo constantemente a la iglesia o a la conferencia de algún predicador. Asistían a una iglesia bautista, una congregación mediana a unos quince minutos de la ciudad. Paul volvía de la iglesia totalmente entusiasmado, encendido con lo relativo a Jesús. Y nos recordaba todo el tiempo que necesitábamos buscar la salvación y que la iglesia estaba orando por nosotros. Gran parte de lo que nos decía no concordaba con lo que nos habían enseñado desde la niñez a Esther y a mí, y por eso bloqueábamos casi todo. Además, yo no quería tener nada que ver con la iglesia. En mi opinión, ni Esther ni yo íbamos a dejar jamás que otra iglesia nos acorralara y nos metiera en una caja en la que no encajábamos.

Cada vez que mi papá venía a visitarnos, nos hablaba de su preocupación por Paul y Miriam.

— Sé muy cauteloso con Paul, porque él y Miriam tienen una creencia extraña.

Concordaba con papá y decía que no hay tal cosa como ser salvo en un momento con la certeza de ir al Cielo antes de morir. No solo me parecía arrogante creer en la certeza de la salvación, sino que por las conversaciones de Paul todo sonaba a que la persona salva podía vivir como quisiera porque Dios le iba a aceptar de todos modos. ¡Estaba seguro de que Paul no tenía razón!

El tiempo pasaba y Paul trajo a su pastor para que me visitara. El pastor John Bouquet era un joven soltero que acababa de hacerse cargo de la Iglesia Bautista Bethel como pastor principal. Era más o menos de mi altura, con energía suficiente como para mover un tren. En una ocasión el pastor John me invitó a sentarme en su automóvil. Abrió su Biblia y empezó a contarme que el hombre no puede salvarse de su pecado por sí mismo. Ir a la iglesia y ser miembro no quitaría nuestro pecado. Ser amish no nos salvaría de nuestros pecados. Bautizarnos tampoco lo haría. Por eso, Jesucristo, el único Hijo de Dios, fue enviado a nuestro planeta para morir en la cruz. Por Su sacrificio, muestre, sepultura y resurrección, podemos ser lavados de nuestros pecados y recibir la vida eterna.

El pastor luego dijo que había un único camino al Cielo y que no era el camino bautista, ni el camino amish, ni el camino católico. Era el camino de Jesús. Y me explicó que en Juan 14:6 la Biblia dice: Yo soy el camino, la verdad y la vida; nadie viene al Padre sino por Mí. Jesús no dijo: "Yo soy un camino, una verdad, y una vida". Afirmó ser el camino, la verdad y la vida. Jesús no dejó espacio para otros medios de salvación. Juan 10:1 dice: En verdad les digo, que el que no entra por la puerta en el redil de las ovejas, sino que sube por otra parte, ese es ladrón y salteador.

Yo tenía la guardia alta. Me negaba a permitir que las palabras de Paul o del pastor entraran en mi corazón. Mi opinión era que había crecido como amish y que para estar bien con Dios tenía que regresar con los amish, ordenar y limpiar mi vida, empezar a obedecer a mis padres y someterme a las reglas de la iglesia que habían establecido nuestros ancestros. No había otro camino.

En mi lugar de trabajo mi jefe también me daba testimonio. Pronto aprendí que su iglesia creía que tenías que creer en Jesús, más ser bautizado y pertenecer a su denominación para ser salvo. De repente todo me resultó confuso y empecé a evaluar todas las creencias diferentes que hay en el mundo. Una iglesia decía que solamente Jesús puede salvarnos. Otra decía que tienes que creer en Jesús, ser bautizado y pertenecer a su denominación. Y en casa creían que tenía que obedecer a mis padres, bautizarme, ser miembro de la iglesia amish, seguir la carta de ordenanzas y apartarme del mundo exterior.

Durante varias semanas estuve considerando en mi mente todo lo que aprendía sobre Dios. Pero ¿por qué era que mi jefe, el pastor bautista y los amish leían todos de la misma Biblia y sin embargo todos acababan con interpretaciones distintas?

Un día entendí cómo era que mi jefe y los amish señalaban a su iglesia como medio de salvación. No era que hubiesen eliminado a Jesús y Su sacrificio en la cruz, sino que ambos creían que su denominación era la favorita de Dios y que, de alguna manera, a menos que te hicieras miembro de su iglesia no podías ser salvo. Por otro lado, Paul y el pastor bautista casi nunca mencionaban su denominación. Tan solo señalaban siempre hacia Jesucristo.

Mientras intentaba despejar la confusión que tenía en la mente, recordé un sermón que había oído una vez cuando todavía era amish. El ministro había dicho:

— ¡Es así! La gente del mundo avanza hacia Dios por diferentes costados de la montaña. Cuando lleguemos a la cima Dios lo resolverá todo.

Y también:

— Según Efesios 6:2 el primer mandamiento de Dios a los hijos en todas partes es el de obedecer a sus padres. Si tus padres son amish, obedece y sigue sus enseñanzas. Y si naciste y te criaron en algún otro sistema religioso, entonces obedece y sigue esas enseñanzas.

Luego, el predicador acabó con la cita famosa: Florece donde Dios te plantó y estarás en el centro de Su voluntad.

Una calurosa tarde de domingo en el mes de julio, Paul dijo:

— Necesito algo de tiempo contigo, lejos de todo el ruido.

Recién había llegado de la iglesia y estaba entusiasmado y decidido a hablarme de Jesús. Yo dudé, pero acepté y me subí a su auto. Recuerdo bien la fecha: 28 de julio de 1985.

Paul me llevó en su auto por la ciudad hasta que salimos al campo. Finalmente, aminoró la marcha y giró en un camino de entrada a un lugar. Allí bajamos del auto y caminamos lentamente hacia un claro con césped y nos sentamos. Paul sacó su Biblia y me explicó que el libro de Romanos nos enseña cómo ser salvos del pecado y el infierno. Abrió la Biblia en Romanos y comenzó a leer.

Me dijo:

— Toda persona sobre la faz de la tierra está ante Dios en condición de pecador. No hay diferencia si la persona creció en un hogar cristiano, si fue a la iglesia toda su vida, si se bautizó o si es ministro a tiempo completo. La Biblia nos dice que no hay justo, ni aún uno (Romanos 3:10).

— Sé que soy pecador — admití, encogiéndome de hombros. Sin embargo, en mi mente había pecadores malos y pecadores buenos. Y como yo nunca había cometido un crimen tan grave como para ir a prisión, me consideraba del lado de los pecadores buenos. Entonces le conté sobre mi tío Albert.

— Era diácono en la iglesia amish. Si hay alguien que irá al cielo, ese es el tío Albert —. Era el hombre más honesto que haya conocido. De buen corazón, solidario. Sirvió a la iglesia con gran compasión y menudo lloraba si alguien sufría.

— Estoy seguro de que si alguien de este mundo irá al cielo, ese es el tío Albert — recalqué.

Paul enseguida contestó:

— En Romanos 3:23 la Biblia dice: ...por cuanto todos pecaron y no alcanzan la gloria de Dios, incluyendo a tu tío Albert.

En ese momento sentí como si cayeran escamas de los ojos de mi corazón. ¡Era tan real! Por primera vez en mi vida entendí el pecado según lo describe la Biblia. En un momento nada más pude entender que no hay tal cosa como pecadores buenos y pecadores malos.

Paul continuó diciendo:

— En otra parte de la Biblia leemos que cualquiera que guarda toda la ley, pero falla en un punto, se ha hecho culpable de todos (Santiago 2:10).

Eso me ayudó a entender que no se trata de que hagas tu mayor esfuerzo o que hagas las cosas mejor que otros. Es todo o nada. Tenemos que ser perfectos porque violar o romper el mandamiento más pequeño equivale a romperlos todos. Si nunca robamos, matamos o cometemos adulterio, pero no amamos a Dios con todo nuestro corazón, con toda el alma, con todas nuestras fuerzas, entonces somos tan culpables como el asesino. Ese día el Espíritu Santo me enseñó que yo no alcanzaba, que no estaba a la altura. Que no hay forma posible de ser tan bueno como para ir al Cielo. Porque la paga del pecado es muerte, pero la dádiva de Dios es vida eterna en Cristo Jesús Señor nuestro (Romanos 6:23). La dádiva de Dios, ese don, es la vida eterna a través de Jesucristo y no a través de la iglesia amish, no por ser bautizado a los diecisiete o porque hiciera algo especial, sino a causa de Jesucristo. Porque por gracia ustedes han sido salvados por medio de la fe, y esto no procede de ustedes, sino que es don de Dios; no por obras, para que nadie se gloríe (Efesios 2:8-9). Paul me dijo que la salvación no es por obras, que no es algo que puedas alcanzar por tus esfuerzos sino que es un don de Dios. Y como todo regalo hay que recibirlo, porque todo aquel que invoque el nombre del Señor será salvo (Romanos 10:13).

Cuando Paul me preguntó si quería acudir al Señor para mi salvación, no pude evitar decirle que sí. Tenía completa convicción de mis pecados y veía que solo había un camino de salida del desastre que era, y ese camino era el de poner toda mi confianza en Jesucristo y lo que Él hizo por mí en la cruz. Así que inclinamos nuestras cabezas ante Dios y comenzamos a orar, y el Espíritu Santo vino sobre mí. Fue como si Dios abriera las puertas del cielo y derramara una cantidad inconmensurable de amor sobre mí. Sentí que se lavaban todos mis pecados. ¡Fue tan real! Lloré y lloré. El amor de Dios entró en mi corazón. No tuve dudas de que había tenido un encuentro con el Dios vivo.

Más adelante en la vida, después de haber empezado a estudiar la Biblia, supe más de lo que había sucedido ese día de julio de 1985. Cuando uno nace a la familia de Dios, suceden varias cosas en un instante:

- El creyente se reconcilia con Dios al instante, es transformado en nueva creación y todos sus pecados le son perdonados (2 Corintios 5:17-19).

- El creyente es liberado del poder de las tinieblas (Colosenses 1:13).

- El creyente queda sellado con el Espíritu Santo (Efesios 1:13; 4:30).

- El creyente es perfeccionado para siempre (Hebreos 10:14).

- El creyente tiene vida eterna y jamás perecerá (Juan 10:28).

Dijo Jesús: …el que oye Mi palabra y cree al que me envió, TIENE vida eterna y NO VIENE a condenación, sino que HA PASADO de muerte a vida (Juan 5:24, énfasis añadido por el autor). La vida eterna no es una experiencia futura que llega después de que morimos (Juan 3:36; 6:47). Jesús dijo que quienes creen en Él tienen vida eterna ahora. Juan 17:3 define la vida eterna como el conocimiento del único y verdadero Dios y Jesucristo. Esto nos habla de la intimidad con Dios, y es la vida eterna.

Volví al apartamento y le conté todo a Esther.

— No puedo explicar del todo lo que ocurrió hoy, pero sé que ahora soy salvo.

Al principio, parecía casi enojada porque me había dejado llevar por las extrañas creencias de Paul. Después de varias discusiones y mucha persistencia de mi parte, Esther acordó visitar la iglesia bautista conmigo.

Fuimos el domingo siguiente y justo el pastor predicó sobre la salvación. Mi novia estaba sentada, erguida en su banco, y cada palabra le llegaba al corazón. Recordaba haber leído algunos libros que le presentaban el mensaje de la salvación y siempre había tenido eso en mente, preguntándose cosas.

Cuando estaba en el quinto grado habían ido de visita a su aula los Gedeones, quienes le dieron un Nuevo Testamento inglés que ella leía a menudo intentando entender. Ya a esa temprana edad el Espíritu Santo había comenzado la obra en su corazón, preparándola para este día.

Cuando terminó el sermón, el pastor invitó a todo el que buscara a Dios y quisiera ser salvo. Para ese momento las mejillas de Esther estaban bañadas por las lágrimas. Ella quería saber cómo podía nacer de nuevo. Lentamente dejó su asiento y avanzó por el pasillo hacia el altar. Una de las señoras mayores la llevó al cuarto de atrás y le explicó el evangelio. Esther oyó la misma buena nueva, la creyó con todo su corazón y fue salva.

Ahora que Esther y yo éramos nacidos de nuevo, el Espíritu Santo nos dio convicción sobre la vida en pareja antes del matrimonio. La idea de separarnos nos resultaba insoportable. Casarnos en la cultura inglesa no era algo que quisiera hacer porque, a decir verdad, siempre había soñado con una boda amish.

Papá vino a visitarme unas semanas después.

— Joe, voy a darte a elegir. Si vuelves con los amish dentro de las próximas dos semanas, te aceptaré. Pero si no lo haces, te apartaré. Ya no podrás volver a casa. Y tampoco podrás volver a ver a la familia.

Eso fue un duro golpe para mí. No podía imaginar el no regresar jamás, el nunca volver a ver al resto de mi familia. Esther no quería volver conmigo a los amish, pero le dije:

— Prométeme que si yo vuelvo y me quedo allí un mes, tú me seguirás.

Lo prometió, aunque con reticencia. Vendí mi auto y regresé a casa.

Capítulo 11

El rechazo como castigo

Al poco tiempo de haber regresado, el diácono de la iglesia me presionó para que fuera con él a la ciudad y destruyera toda evidencia mundana que todavía tuviese relación conmigo. Primero fuimos al lugar donde había conseguido mi licencia de conducir unos meses antes. Cuando llegamos, los dos bajamos de nuestro carro y entramos para ponernos en la fila de espera y así poder hablar con una de las señoras que estaban del otro lado del mostrador.

Como siempre, era una fila larga y los clientes nos miraban como si fuéramos de otro planeta. Pero allí estábamos, vestidos con ropas amish, destacándonos del resto como moscas blancas. Estoy seguro de que todos se preguntaban qué hacían dos hombres amish en la oficina de licencias de conducir.

Finalmente llegamos al primer puesto de la fila.

— Estamos aquí hoy por Joe y su licencia de conducir. Quisiera que entre en su sistema y destruya toda evidencia de sus datos — dijo el diácono.

Decir que yo sentía vergüenza sería una obviedad, pero mis padres y los líderes de la iglesia sentían que mi identidad en el mundo tenía que desaparecer y no querían que fuese por allí con un documento de identificación con mi foto en el bolsillo por temor a que violara el segundo mandamiento, Éxodo 20:4: No te harás ningún ídolo, ni semejanza alguna de lo que está arriba en el cielo, ni abajo en la tierra, ni en las aguas debajo de la tierra.

Las señoras de la oficina de licencias jamás habían hecho algo como esto, así que se reunieron y debatían en susurros. Podíamos oír sus risitas y veíamos que cada tanto nos echaban una mirada. Quería morir. ¿Por qué había regresado con los amish? Finalmente, volvieron y dijeron que habían borrado del sistema todo rastro de mi identidad.

— Si alguna vez cambia de opinión en cuanto a conducir un auto, tendrá que volver a pasar por el examen y solicitar una nueva licencia.

Desde la oficina de licencias fuimos a la tienda de instrumentos donde Esther me había comprado un violín para Navidad. Me encantaban los instrumentos musicales y ansiaba aprender a tocar el violín. Durante meses había tomado lecciones de música y lograba defenderme muy bien con las cuerdas. Pero ahora que había vuelto a ser amish, el violín tenía que desaparecer. El tipo de la tienda de instrumentos dijo:

— No hay problema. Lo podemos vender como instrumento de segunda mano —, y allí lo dejamos.

Unas semanas más tarde llamé a Esther y le pregunté si podía volver a la tienda para buscar el violín. Y eso hizo. Me lo trajo y lo escondí debajo de mi cama.

Hay un viejo dicho: "Si convences a alguien en contra de su voluntad, su opinión seguirá siendo la misma". Es una gran verdad. Lo que descubrí de mí mismo y de otros en la comunidad amish era que muchas veces, a causa de las estrictas reglas de la iglesia, vivíamos una doble vida, y en muchas ocasiones los jóvenes dejaban la comunidad a causa del peso y la culpa que sentían al vivir una doble vida.

John, un miembro de la iglesia amish del Viejo Orden, me contó una vez la historia real de su prohibido teléfono celular, que llevaba oculto en el bolsillo. Trabajaba con su hermano mayor, Amos, que seguía las leyes amish a rajatabla. Se sabía que Amos delataría ante el diácono de la iglesia a cualquiera que violara una regla. Una vez, cuando el teléfono celular de John empezó a vibrar en su bolsillo, él salió de la casa por la puerta trasera y avanzó a gatas por los pastizales, internándose cada vez más en la espesura para que Amos no le viera ni oyera contestando la llamada.

Finalmente se sintió a salvo, pero cuando puso la mano en el bolsillo para tomar el teléfono, oyó que alguien hablaba a unos metros de allí. Era su hermano Amos, también escondido entre los pastos mientras llamaba a alguien con su propio teléfono.

Jesús dijo esto sobre la hipocresía:

> ¡Ay de ustedes, escribas y fariseos, hipócritas que son semejantes a sepulcros blanqueados! Por fuera lucen hermosos, pero por dentro están llenos de huesos de muertos y de toda inmundicia. Así también ustedes, por fuera parecen justos a los hombres, pero por dentro están llenos de hipocresía y de iniquidad (Mateo 23:27-28).

Como era miembro de la iglesia me rechazaron durante un tiempo, al menos hasta que me creciera el cabello y cubriera mis orejas porque lo tenía muy corto. Eso llevaría unos dos meses. Durante esa época no podía comer con mi familia y tenía que sentarme a solas en otra mesa. En la iglesia, lo mismo. Todos observaban mi vergüenza. Fue muy humillante.

Lo había dejado todo para volver y aun así me rechazaban. Un día, mientras trabajaba en la tienda de maquinaria de mi papá, un hombre de la comunidad me pidió algo que tenía en la mano. Extendí la mano para dárselo, pero él no lo tomó.

— No puedo tomar nada de tu mano — me dijo. El tipo me había humillado a propósito, encima de todo lo que yo estaba pasando. Tuve que dejar el objeto en la mesa y entonces, lo tomó.

Esther volvió a la comunidad amish más o menos un mes más tarde. La iglesia nos prohibía vernos, por lo que solía escaparme por la ventana en medio de la noche y cabalgar sin montura hasta la casa de Esther. Ella también se escurría y nos encontrábamos en la tienda de cueros de su padre. Como no teníamos teléfonos ni ninguna otra forma de contacto, yo salía cada dos noches hacia allí. En una oportunidad nos encontraron y la iglesia extendió el período de rechazo dos semanas más. Este rechazo y esas reglas santurronas nos pesaban a Esther y a mí.

Un día, Paul, quien me había guiado al Señor, me envió una nota diciendo que iban a ir a una cruzada de Billy Graham[4] en Washington, DC. Allí planeaban ir a ver la Casa Blanca. En su nota, decía: "Tanto tú como Esther están invitados a venir con nosotros si lo desean. No tienen que pagar nada".

No podía rechazar el ofrecimiento de Paul. Esther y yo estábamos muy frustrados con la iglesia amish y la forma en que los miembros nos trataban. Acordamos ir con Paul y su familia.

Esa noche me fui a la cama y después de que Ervin se durmiera, abrí la ventana del costado, bajé por una soga hasta un árbol y salté al suelo. Paul me había venido a buscar con su auto y esperaba en la calle. Luego condujo hasta la casa de Esther y la buscamos. Después fuimos directamente a Washington, DC. Recuerdo muy pocos detalles de ese viaje, excepto que me sentía tan feliz de estar otra vez con mi novia. Me sentía restaurado, lleno de vigor, libre de toda esa gente que nos humillaba todo el tiempo, rechazándonos en público a la vista de todos.

Tras haber estado ausentes durante tres días, volvimos a casa y encontramos que las cosas habían cambiado. Mi familia había revisado todas mis pertenencias, repartiéndoselas entre todos. Lo

---

4   Reconocido pastor evangelista estadounidense.

habían incluido todo, hasta mis escopetas. Hubo cosas que nunca recuperé. Desde el punto de vista de mi familia, esta era la quinta vez que me iba, aunque solamente me había ido por un par de días. Esther y yo nos hartamos de la continua humillación y del rechazo. ¿No podía ver la iglesia amish que lo habíamos dejado todo para volver aquí? Habíamos vendido nuestro auto y abandonamos nuestros empleos. Eso significaba que no teníamos ya ingresos y, a cambio, estábamos trabajando gratis para nuestros padres. Durante todo ese tiempo la iglesia se negaba a permitir que nos viéramos. Las semanas se convirtieron en meses. La depresión nos sumía en una vida que casi no valía la pena vivir. ¡Era tan duro todo!

Luego recordé a un viejo amigo inglés que se llamaba Mark. Me había dicho: "Si alguna vez decides dejar a los amish, puedes vivir conmigo". Residía en Norwalk, más o menos a una hora de viaje en automóvil.

Encontré el número de teléfono de Mark y lo llamé para explicarle nuestra situación.

— Claro que puedes venir a vivir conmigo, mi esposa y mi familia. Te daré trabajo, ocupándote de las pezuñas de las vacas — me contestó.

Así que decidimos que nos iríamos un domingo por la noche. Fui hasta la casa de Esther y dejé mi caballo y mi carro en el granero de su padre. Esther y yo caminamos un kilómetro y medio por la ruta y nos sentamos en el zanjón, en la hierba, esperando que viniese Mark a buscarnos con su camioneta. Oíamos los grillos y los mosquitos que zumbaban cerca en ese atardecer. Llegó la oscuridad y todo se sentía húmedo. Nadie más que Mark sabía de nuestros planes, y él vendría a buscarnos.

Lo que yo no sabía era que mi padre me había seguido hasta la casa de Esther. Estaba sentado en el zanjón del otro lado de la ruta, sabiendo que pasaría algo. La oscuridad se vio penetrada por la luz de los faros del auto y nos levantamos para que Mark nos viese y se detuviera. En ese momento papá se levantó de un salto y empezó a gritar mi nombre, llorando amargamente mientras me rogaba que me quedase. Nos asustamos, pero enseguida subimos a la caja trasera de la camioneta y Mark aceleró, adentrándose en la noche. Mi padre desapareció enseguida en medio de la polvareda y la oscuridad. Al día de hoy, cuando pienso en ese momento siento que se me parte el corazón por mi padre. Tal vez no fuera el padre perfecto, pero era muy injusto que una vez más tuviera que lidiar con una huida mía de los amish. No puedo imaginar lo que vivió él en ese momento, pero mi papá nunca se daba por vencido.

Después de haber estado en casa de Mark durante un mes, mi papá tuvo el presentimiento de que las cosas no iban a funcionar entre nosotros y Mark. Así que sin que yo lo supiera fue a ver a la policía de Norwalk y les dijo qué hacer si yo aparecía por allí pidiendo ayuda.

Yo iba con Mark a trabajar en su auto. El trabajo estaba bien, pero muchas veces hacía una parada en clubes de hombres mientras volvíamos a casa y yo lo esperaba en el auto. Después trató de hacerle una propuesta a Esther y ella se sintió tan molesta que volvió con los amish. Eso me enojó, así que también decidí volver con los amish. Fui a decírselo a Mark y se enojó mucho.

— ¡Sal de la casa o te mato! ¡Y no vuelvas nunca más! — me gritó. Ni siquiera me permitió tomar mis cosas.

Salí corriendo de la casa en medio de la noche. Lloraba y no sabía dónde pedir ayuda. Lo único que sabía era dónde estaba la estación de policía y, cuando llegué, me dijeron:

— Estamos preparados para esto. Tu padre ya nos habló.

Llamaron a un taxista amish para que me buscara y me llevara de regreso con mis padres. Fue muy difícil y las consecuencias le sumaron varios meses al período de rechazo. Eventualmente, la iglesia ya no podía encontrar más fallas en nosotros y entonces nos aceptaron de nuevo. Fue un maravilloso alivio para nosotros, y también para la iglesia. Por primera vez en casi un año la vida había vuelto a la normalidad.

Capítulo 12

El matrimonio

Cuando hubo terminado el período de rechazo, Esther y yo teníamos autorización para vernos una vez a la semana. Íbamos a las sesiones de canto y los domingos por la noche teníamos nuestra cita normal. Pasaron varios meses y el matrimonio se convirtió en un tema candente para Esther y para mí. Habíamos pasado tantas cosas juntos que no podíamos imaginar el no estar casados y vivir juntos nuestras vidas.

Ante todo fuimos a ver a nuestros padres y obtuvimos su permiso. Se veían entusiasmados, apoyando nuestra decisión de todo corazón. Después de eso lo acostumbrado era ir a ver al obispo de Esther para que también él nos diera permiso. Esperamos hasta que oscureciera para que nadie nos viera viajando juntos en el mismo carro un día de semana. Al principio el obispo se mostró dudoso, porque aunque Esther era miembro de la iglesia, nunca había participado de un servicio de comunión. Finalmente, tras rogarle que aceptara, acordó que nos daría permiso.

— Bajo sus circunstancias voy a hacer una excepción y les daré permiso para casarse.

Hay algunas cosas en las bodas amish que son únicas. Primero, las bodas siempre son los días martes o jueves, mayormente los jueves. Lo segundo es que hasta que el obispo anuncie tu boda, esta será un secreto. Solamente tu familia inmediata y el obispo lo saben con anticipación. No quieres que se entere nadie de la comunidad porque se supone que tiene que ser una sorpresa. Quien anuncia la feliz noticia es el obispo del distrito de la joven novia.

Me levanté temprano el domingo por la mañana y fui hacia el distrito de iglesia de Esther. Ese día el obispo Dan anunciaría nuestra boda a toda la iglesia. Mientras Mike tiraba de mi carro por la ruta estatal 603, mi corazón latía dos veces más rápido de lo normal. Por primera vez en mi vida sentía que las cosas me saldrían bien. Pronto Esther Yoder cambiaría su apellido a Keim y sería mi amada esposa. La idea era tan preciosa que casi no podía contenerme. Mientras iba por el sendero hacia donde se realizaría el servicio de la iglesia ese día, pensé: "Solamente el obispo y los padres de Esther saben de este gran anuncio".

Apenas había terminado de desensillar a Mike, alguien se acercó y gritó:

— Sabemos por qué has venido hoy aquí.

"Oh, no", pensé. "Alguien ha revelado el secreto". Pero, para mi sorpresa, nadie más dijo una sola palabra al respecto.

El servicio de la iglesia avanzaba muy lentamente a medida que cada ministro se ponía de pie para cumplir con lo suyo. Todos estaban medio dormidos, excepto yo. Yo estaba muy despierto. Finalmente, el último de los ministros terminó y se sentó.

Entonces el obispo Dan se puso de pie, se aclaró la garganta y dijo:

— Hoy tengo un anuncio sorpresa para todos. Joe Keim y Esther Yoder han recibido autorización para casarse y eligieron el 18 de diciembre como fecha de su boda. Están todos invitados.

Apenas el obispo anunció nuestros planes, Esther y yo salimos caminando, como es costumbre amish, antes de que terminara el servicio. Yo corrí para enganchar el caballo al carro y nos alejamos antes de que la gente saliera.

Las siguientes dos semanas fueron un remolino de actividad en la casa de Esther, con los preparativos para la boda. Enviamos invitaciones por correo, limpiamos el granero y sacamos el estiércol con palas, reacomodamos los muebles de la casa, trajimos las mesas de boda del ático y las armamos. Los miembros de la familia pasaban casi todos los días para ayudar a preparar la comida, hacer la torta de varios pisos y ayudar a decorar el rincón donde se sentarían a comer los familiares de los novios.

Una noche, cuando volví de la casa de Esther, papá me dijo:
— No quiero que invites a ningún amigo inglés a la boda.
— Pero, papá, ya invité a Larry Holbrook a la boda.
— Bueno, supongo que tendrás que decirle que no venga.

No podía creer que papá me hiciera retirarle la invitación a Larry tan solo porque era inglés. Yo tenía casi veinte años, edad suficiente como para tomar mis propias decisiones. Además, sentía que era mi boda. Larry y yo conversamos sobre la situación y decidimos que si llevaba ropas amish todo iría bien. No volví a hablar con papá sobre el tema de Larry y la invitación a la boda.

Después de muchas horas y poco sueño, llegó el gran día. El 18 de diciembre de 1986 fue un día frío, pero había poca nieve cubriendo el suelo. Para las nueve de la mañana cientos de familiares y amigos provenientes de varios estados se hallaban reunidos bajo el mismo techo para acompañarnos en la celebración de nuestro día especial. La ceremonia de tres horas se realizó en casa de un vecino que vivía del otro lado del campo de la casa de Esther.

Mi amigo Larry vino vestido con ropas amish. Encajaba bien con el resto de la gente que había venido a la boda. Nadie sabía que él no era amish excepto mi familia. Pero papá vio a Larry bien temprano y se sintió muy molesto, al punto de que se fue a casa apenas terminó la ceremonia.

Los asistentes se sentaron en bancos de madera sin respaldo, de los que se usaban en la iglesia, y el grupo de familiares de los novios se ubicó en dos hileras de sillas en el centro de la sala, con tres chicas sentadas frente a tres muchachos. Nosotros nos sentamos con dos parejas de solteros: dos muchachas, una a cada lado de Esther, y dos muchachos sentados junto a mí, uno a cada lado también. Eran los testigos que nos siguieron a lo largo del día, siempre uno a cada lado de nosotros.

A poco de haber comenzado con los cantos, todos los predicadores se levantaron y salieron de la sala para su tradicional reunión a puertas cerradas. Pasaron varios minutos y entonces Esther y yo nos levantamos y los seguimos hasta una habitación en el piso superior. Allí, sentados en círculo, recordé mis clases de bautismo, pero esta vez yo estaba allí porque así lo había decidido. No recuerdo ni una palabra de lo que se habló allí, excepto que los ministros nos advirtieron que no podíamos tener relaciones sexuales hasta el tercer día. Lo que recuerdo es que pensé: "¡Están bromeando! ¡Tres días! ¿A quién se le ocurrió esa idea?".

Cuando terminó nuestra reunión con los ministros y nos sentamos en nuestras sillas, ubicados en medio de nuestros cuatro testigos, comenzó la predicación. Tal como sucedía en los servicios de la iglesia, casi toda la ceremonia, incluyendo los votos, era en alemán altogermánico, difícil de entender. Mi tío Joe, por quien me habían puesto mi nombre, era mi obispo favorito y fue quien nos casó. Mientras esperábamos en nuestras sillas hasta que nos llamara para pasar al frente, habló de los matrimonios bíblicos comenzando con Adán y Eva. Tomó otras partes de su sermón de los libros apócrifos, un conjunto de libros que se hallan entre el Antiguo y el Nuevo Testamento.

Finalmente, casi al final de la ceremonia el tío Joe nos llamó a Esther y a mí para que pasáramos al frente y dijéramos nuestros votos. Era el momento que todos habíamos estado esperando. De pie, con nuestros testigos a cada lado, Esther y yo avanzamos y nos ubicamos frente al obispo Joe y ante todos los asistentes a la boda. Tras pronunciar nuestros votos el obispo nos recordó que ahora éramos una sola carne y que solo la muerte podía separarnos.

Después de la ceremonia nos llevaron a los recién casados y a los testigos hasta la casa de Esther, donde hubo almuerzo y cena. Justo antes de entrar en la casa alguien puso una escoba en el piso frente a Esther. Se dice que si la flamante esposa levanta la escoba y la pone a un lado, será una excelente ama de casa. Si pasa encima de la escoba acabará siendo haragana. Y sí, Esther la levantó.

Los que estaban casados se reunieron alrededor de las mesas y comerían primero. Esther y yo estábamos sentados en una esquina que habían decorado con flores, adornos caseros con nuestros nombres y una gran torta de bodas. Los testigos se sentaron a la mesa con nosotros, pero esta vez una pareja se sentó al lado de Esther y la otra, a mi lado. Quedamos entre ambas parejas. Esther vestía un vestido nuevo de color azul oscuro, del mismo estilo que todos sus demás vestidos. Tras la boda, ese sería su vestido de los domingos.

Esther, yo y nuestros testigos teníamos camareros especiales durante todo el día. El menú incluía un gran plato de pasta, patatas pisadas y salsa caliente, más dos o tres tipos diferentes de carne y un postre especial que se servía en todas las bodas. Era el postre que a todos les encantaba, pero solo se comía en las bodas.

Mientras comíamos con todas las parejas casadas y sus familias en el piso de abajo, los hombres solteros estaban arriba, buscando pareja femenina. Por supuesto, los que ya estaban en una relación estable como novios no tenían que buscar pareja. Pero para los que todavía no tenían relación estable con una chica, ese era el momento de invitar a una para que se sentara a la mesa junto a ellos. No solo era algo que ponía nerviosos a los muchachos, sino que también las chicas estaban tensas mientras esperaban con ilusión que alguno de los jóvenes las invitara. Mientras los varones sufrían y las mujeres estaban nerviosas, los mayores que estaban en el piso inferior tenían impaciencia por ver quién formaría pareja con quién.

Cuando todos hubieron terminado de comer en la primera ronda, se despejaron las mesas enseguida y el obispo llamó a los adultos solteros a bajar y sentarse con sus parejas al lado. Era la segunda ronda para nosotros y los cuatro testigos. Primero habíamos comido con las parejas casadas y ahora comeríamos de nuevo con los adultos solteros. Mientras comíamos, los hombres casados formaron un grupo en el fondo y cantaban himnos de bodas, algunos del himnario que se usaba en la iglesia y otros, de los himnario utilizados en las sesiones de canto de los domingos por la noche. Se usaban ambos para celebrar este momento de transición.

Los asistentes a nuestra boda habían llegado de todos lados, incluyendo Indiana y otros estados vecinos. En total había unas cuatrocientas personas. Y si parecen muchos, hay que recordar que las familias eran numerosas y no era infrecuente tener entre doscientos y trescientos primos y muchos tíos y tías. Después de la boda todos se pusieron de pie y conversaban sobre asuntos familiares.

Al atardecer, cerca de las siete, volvimos a sentarnos a comer con la familia inmediata. Papá volvió para esta última parte de la boda y se sentó a cenar con nosotros. La celebración se prolongó hasta casi la medianoche y finalmente los invitados, cansados, se retiraron y todos nos fuimos a dormir. Al día siguiente teníamos toneladas de platos y demás utensilios para lavar.

* * * *

Papá había hablado conmigo sobre mi trabajo para él, por el cual yo no cobraba. Sentía que esa era una forma de penitencia y que Dios me perdonaría por todas las veces que había abandonado a los amish. Yo realmente quería sentar cabeza y estaba dispuesto a hacer lo que papá quería, pero con ello surgía el problema de que no tendría ingresos. Vivíamos con los padres de Esther y comíamos con ellos. Así vivimos durante nueve meses. Yo iba todos los días a la tienda de maquinaria de papá y, aunque tenía veinte años, no cobraba ni un centavo.

Vivíamos junto a una ruta muy transitada, lo que abría la posibilidad de ganar algo de dinero recogiendo gusanos que servían como carnada para venderlos a pescadores. Esther usaba el dinero de esas ventas para comprar ingredientes con el fin de preparar fideos que vendía luego, y mi suegro se ocupaba de los gastos del alimento para mi caballo. Durante esa época decidí que sentaría cabeza y realmente empecé a formar una relación con mi padre mientras trabajábamos juntos. A veces a él no le gustaban algunas cosas que yo hacía y chocábamos, pero en general nos llevábamos bien.

Mi objetivo era seguir siendo amish y formar una familia dentro de la cultura amish. Apreciaba el sentido de seguridad y protección que había dentro de esa comunidad, algo que no había sentido en el mundo de los ingleses. La idea de tener una familia y criar a mis hijos fuera de esos límites protectores también me parecía abrumadora. La vida era grandiosa y durante varios meses todo anduvo bien. Me gustaba vivir con los padres de Esther y pasar tiempo con su hermano Milo por las noches. Nos llevábamos bien y manteníamos muchas conversaciones de corazón a corazón.

Hambre de la verdad

Un día, durante nuestro domingo sin iglesia, Esther tomó la Biblia y comenzó a leer del libro de Romanos.

— ¿Por qué vivimos como amish si somos salvos? — preguntó. Lo primero que pensé fue que hacía meses que no oía el término "ser salvo". En ese tiempo había obligado a mi mente y mi actitud a estar en línea con la forma de pensar de los amish y me enojaba cuando Esther hablaba de su entendimiento de la Biblia.

De inmediato sentí temor a causa del rumbo que podría tomar todo esto. Lo dejé en claro:

— Esther, ya no vamos a ir por ese camino otra vez. ¡Por favor!

Pero Esther seguía leyendo y cada tanto terminábamos en alguna discusión sobre la Biblia por algo que ella había leído.

Poco a poco la tensión de la visión de Esther respecto de la Biblia y el hecho de que no tuviéramos mucho dinero hizo que volviese a mi viejo hábito de mascar tabaco. Antes de casarnos le había prometido a Esther que lo dejaría. Y lo había hecho. Era la única forma en que ella se casaría conmigo. No era de ayuda que hubiera tanta gente en mi vida que mascaba tabaco, incluyendo a mi suegro, que era predicador en la iglesia. La iglesia no permitía el hábito de mascar tabaco y siempre disciplinaba en público a sus miembros, pero había muchos que no lograban abandonar el hábito.

Paul Coblentz, el hombre que años antes me había guiado al Señor, invitó a Esther a ir con él y su familia a un estudio bíblico que se llevaría a cabo en la iglesia bautista donde Esther había sido salva. Esther fue varias veces, pero yo me negaba a ir. Teníamos más dificultades que antes en nuestra relación matrimonial. A Esther le molestaba que yo siguiera mascando tabaco y a mí me fastidiaba que ella fuese a los estudios bíblicos.

Una mañana, mientras me preparaba para ir a la tienda de mi padre, ella me dijo:

— ¡Ya basta! Me cansé de que masques tabaco ¡y no creo que los amish estén predicando la verdad!

Entonces se alejó, caminando por el sendero que llevaba al bosque. Iba a dejar que se fuera, pero después de ver que había avanzado trescientos metros hacia el bosque y ya no la veía, me di cuenta de que no podía permitir que sucediese esto. Corrí tras ella y me enojé terriblemente. Los dos terminamos llorando y preguntándonos si había alguna forma de resolver nuestros problemas. El corazón de Esther ya no estaba con los amish y sus reglas establecidas por humanos. Quería libertad para ir a los estudios bíblicos y participar de las reuniones de oración, donde se oraba sin un libro de oraciones. Para este momento había estudiado el libro de Romanos con atención y estaba convencida de que no vivíamos según la voluntad de Dios. Los amish predicaban un poco en cuanto a la gracia, pero mayormente todo era sobre las obras. Según el apóstol Pablo, la gracia y las obras no se mezclan. O es todo gracia, o es todo obras. Pero si es por gracia, ya no es a base de obras, de otra manera la gracia ya no es gracia. Y si por obras, ya no es gracia; de otra manera la obra ya no es obra (Romanos 11:6).

Ambos habíamos experimentado la libertad en Cristo y la verdadera gracia de Dios al ser salvos. Y ahora, de repente Esther más que yo, sentía que nos habían arrastrado de nuevo a la esclavitud. Se sentía infeliz en su corazón y todo el tiempo hacía referencia a la Palabra de Dios.

> Me maravillo de que tan pronto ustedes hayan abandonado a Aquel que los llamó por la gracia de Cristo, para seguir un evangelio diferente, que en realidad no es otro evangelio, sino que hay algunos que los perturban a ustedes y quieren pervertir el evangelio de Cristo. Pero si aun nosotros, o un ángel del cielo, les anunciara otro evangelio contrario al que les hemos anunciado, sea anatema.

Como hemos dicho antes, también repito ahora: Si alguien les anuncia un evangelio contrario al que recibieron, sea anatema. Porque ¿busco ahora el favor de los hombres o el de Dios? ¿O me esfuerzo por agradar a los hombres? Si yo todavía estuviera tratando de agradar a los hombres, no sería siervo de Cristo (Gálatas 1:6-10).

Agradar a los hombres más que a Dios y sentir como si estuviésemos viviendo dentro de una caja hacía que ambos nos sintiésemos atrapados y fuera de la voluntad de Dios. A pesar de cómo nos sentíamos, Esther decidió seguir siendo amish por el momento.

Las cosas en nuestro matrimonio mejoraron. Esther dejó de ir a los estudios bíblicos con Paul. Yo dejé de mascar tabaco. No puedo decir que fuéramos felices, pero nos sentíamos bien al saber que hacíamos felices a nuestros padres y a todos los demás.

Un día, mi papá me preguntó si podía quedarme a dormir una noche para ayudar al resto de la familia a zarandear trigo. Acepté, si podíamos hacer arreglos para que Esther viniera conmigo a trabajar al día siguiente. Así que Esther fue conmigo a la tienda de maquinaria y ayudaba a mamá mientras yo me ocupaba de los clientes de papá. Más tarde esa noche, después de empezar a zarandear el trigo, tomé un poco de tabaco de mascar que me ofreció uno de mis hermanos. No sé cómo, pero Esther se enteró, y de inmediato el enojo invadió su corazón. Eso nos llevó a una gran discusión. Estaba bien que ella fumara, pero yo no podía mascar tabaco. No tenía sentido para mí. Y así estuvimos, dando vueltas siempre a lo mismo.

Finalmente, dijo:

— Ya me cansé. Te dejo a ti y a los amish —, y comenzó a caminar hacia la ruta.

Para ese momento el sol se había puesto ya y todo estaba

oscuro, pero todavía nos faltaba seguir zarandeando trigo durante varias horas. Me sentía enojado conmigo mismo. Y enojado con Esther. Parecía que la vida consistía en agradar a los demás.

Ya cerca de la medianoche mi familia y yo llegamos al final de campo. Ahora habíamos zarandeado todo el campo de trigo y yo me preparaba para volver a casa. No tenía idea de dónde estaría Esther y traté de que mi familia no se enterara de los detalles. Mientras salía con Mike y el carro de dos ruedas me preguntaba si volvería a verla. El viaje de una hora hasta la casa fue una pesadilla mental. No lograba controlar las lágrimas mientras clamaba a Dios desde lo profundo de mi corazón.

"Señor, por favor, ¡ayúdame a encontrarle sentido a la vida!", pensaba. Mientras sopesaba el ceder al deseo de Esther de abandonar a los amish, lloraba más aún. "No puedo hacerles esto a mi papá y mamá. ¡Han pasado por tantas cosas conmigo!".

De repente vi algo por el rabillo del ojo izquierdo. ¿Era un buzón, o acababa de pasar a una persona? Seguí conduciendo, pero luego decidí hacer que Mike diera la vuelta con el carro para volver a mirar. Tomé mi linterna y empecé a iluminar con ansiedad el área donde había visto el objeto oscuro a un lado de la ruta. Y sí, era Esther. Había caminado a lo largo de kilómetros en esa ruta oscura del campo. Tras convencerla, subió a mi carro y continuamos el camino a casa.

Esther decidió finalmente que no funcionaría su intento de obligarme a dejar a los amish, por lo que le entregó todo a Dios y se alejó caminando. Había llegado a la conclusión de que esta batalla en la que estaba metida de pleno era del Señor, y no suya.

El mismo día en que ella dejó de tratar de obligarme a irnos y lo puso todo en manos de Dios, llegué del trabajo y le dije:

— Esther, siento que Dios nos está llamando a dejar a los amish. Me siento muerto y vacío por dentro.

Todavía hoy a Esther le encanta contar cómo fue que Dios

se hizo cargo en el mismo momento en que ella le dio el control de todo. Fue como si alguien operara el interruptor de la luz. ¡Así de rápido! Así de real fue para los dos. En verdad, hay momentos en que pensamos que abandonamos la batalla que libramos en nuestras vidas y no es sino después que verdaderamente sabemos que la hemos dejado. Esther lo dice así: "Mientras tú te hagas cargo de tu batalla, Dios te dejará pelear a solas".

Lo que Dios hizo por el rey Josafat, la tribu de Judá y Samuel, lo hará por ti y por mí: ...así les dice el Señor: "No teman, ni se acobarden delante de esta gran multitud, porque *la batalla no es de ustedes, sino de Dios* (2 Crónicas 20:15, énfasis añadido por el autor) ...y para que toda esta asamblea sepa que el Señor no libra ni con espada ni con lanza; porque *la batalla es del Señor* y Él los entregará a ustedes en nuestras manos (1 Samuel 17:47, énfasis añadido por el autor).

La partida

Fijamos un día y una hora para que Paul Coblentz viniera con una camioneta y un carro a caballo a buscar nuestras pocas pertenencias y llevarnos a la ciudad. El plan era salir un domingo por la mañana después de que los padres de Esther salieran rumbo a la iglesia.

Me levanté temprano el sábado por la mañana, desayuné rápido y fui al granero para preparar a Mike con mi carro de dos ruedas, dispuesto a visitar a mis padres una última vez y darle a mi papá un día más de trabajo gratis. Mientras ensillaba a Mike y lo enganchaba a mi carro, le acaricié el cogote.

— Mike, tú y yo hemos recorrido muchos kilómetros pero hoy será nuestra última recorrida. Después de esto te cambiaré por un auto.

Mientras Mike y yo viajábamos por los caminos de campo hacia la casa de mis padres, mi corazón volvió a sentirse desbordante de emociones diversas. Mis pensamientos me angustiaban.

"Hoy llevo ropa amish, voy en carro tirado por un caballo y vivo en una cultura a ritmo lento. Tengo fácil y libre acceso a mi familia, a mis amigos de la infancia y la comunidad. Mañana todo eso cambiará. Esther y yo lo perderemos todo en un día". En la tienda de máquinas de mi papá, miré todo el trabajo pendiente y me pregunté quién se haría cargo cuando yo me fuese. Para ese momento papá me había dado la responsabilidad de estar a cargo de la tienda y ocuparme de las necesidades de los clientes. Después de que me fuera, papá tendría que ocuparse de todo eso. Deseaba que hubiera una posibilidad de sentarnos y hablar de estas cosas, pero bajo las circunstancias eso no era posible. Tendrían que arreglárselas solos, como pudieran.

A la hora del almuerzo, cerré la tienda de maquinaria y me dirigí a la casa, donde los quince de mi familia, incluyendo a papá y mamá, se reunirían en torno a la mesa y comería con ellos por última vez. Solo que ellos no sabían que sería la última. Para esta hora mañana yo estaría clasificado como forastero y como alma perdida. Decir que por dentro me sentía roto sería una obviedad.

Como cualquier otro día, el almuerzo era el momento de conversar. No era infrecuente que varios miembros de la familia hablaran y rieran al mismo tiempo. Pero yo, allí sentado, no podía comer. Tenía un torbellino en la mente y mamá se dio cuenta.

— Joe, ¿qué te sucede hoy?

— Ah, nada. Solo es que no me siento del todo bien —, dije.

En mi corazón sabía que mamá recordaría nuestra última conversación diez mil veces. Y de nuevo deseaba poder sentarme y explicarles todo, pero eso sería como invitar a todo un ejército de oposición, ruegos, lágrimas y corazones rotos.

Desperté de repente el domingo por la mañana. Los servicios de la iglesia empezarían pronto del otro lado del campo frente a nuestra casa, el mismo lugar en donde Esther y yo habíamos intercambiado los votos en la boda apenas nueves meses antes. Allí, en la cama, conversamos sobre nuestros atrevidos planes y tomamos decisiones de último momento.

— Joe, tendrás que hacerles saber a mis padres que no iremos hoy a la iglesia — me urgió ella.

Con dudas, salí de la cama y caminé a la parte de la casa que ocupaban mis suegros, y les dije que esa mañana no iría al servicio.

Mi suegro respondió:

— Entonces también yo me quedaré en casa.

Esto no va a funcionar, pensé. A las 9:00 a. m. vendrán los que nos ayudarán con la mudanza.

— Oh, bien. Iré a la iglesia — dije.

Mi suegro dijo que en ese caso el iría también. Era como si los padres de Esther supiesen que iba a pasar algo, pero nunca nos dijeron nada al respecto en todos los años posteriores. Me vestí con la ropa de la iglesia y comencé a caminar hacia el otro lado del campo donde estaban los demás. Esther se quedó para dar instrucciones de la mudanza a nuestros amigos.

Cuando entré al granero donde estaban los hombres, mi suegro me reconoció y asintió, como diciendo que mi decisión le alegraba. Para las 8:40 todos los predicadores empezaron a caminar hacia la casa. Como el padre de Esther era predicador, estaba en el primer grupo que salía del granero. Apenas lo vi entrar en la casa, di la vuelta y salí apresuradamente sin decir una palabra a nadie. Salí corriendo por la puerta trasera, crucé el campo y entré en nuestra casa, donde Paul Coblentz y otros más estaban cargando nuestras pertenencias en la camioneta.

Echaban las almohadas y ropa de cama por la ventana del primer piso hasta abajo. Otros corrían, reuniendo objetos que cargaban en la camioneta. Solo tardamos quince minutos en cargar todo lo que poseíamos.

Antes de partir les escribí una nota a mis suegros y a mis

padres, explicando por qué abandonábamos a los amish. Temblaba sin control y lloraba amargamente. Cuando terminé, miré la nota. Parecía un sinsentido, así que la rompí y escribí una segunda nota, y luego otra más. Tiré todas las notas. Con gran pena en mi corazón sabía que cualquier cosa que escribiera no tendría sentido para aquellos a quienes estábamos abandonando. Sabía que les causaría inmenso dolor a mi papá y a mi mamá. Sabía que esta sería la última vez que dejaba a los amish para nunca más volver.

Esta vez no me iba por rebeldía, sino por un deseo sincero de crecer en mi fe. Para que Esther y yo creciéramos en nuestra fe teníamos que ir a una iglesia donde no solo predicaran el verdadero evangelio, por gracia solamente, por fe solamente y Cristo solamente, sino donde además la predicación y adoración se entendiesen mejor. A ambos nos costaba entender el alemán altogermánico utilizado para los sermones en la cultura amish. En la iglesia de los ingleses predicaban en el idioma que habíamos aprendido durante los ocho años en que asistimos a la escuela.

El pasaje de las Escrituras que nos presentaba un desafío era Lucas 14:26-33, donde Jesús reta a todos los creyentes:

> Si alguien viene a Mí, y no aborrece a su padre y madre, a su mujer e hijos, a sus hermanos y hermanas, y aun hasta su propia vida, no puede ser Mi discípulo. El que no carga su cruz y me sigue, no puede ser Mi discípulo.
>
> Porque, ¿quién de ustedes, deseando edificar una torre, no se sienta primero y calcula el costo, para ver si tiene lo suficiente para terminarla? No sea que cuando haya echado los cimientos y no pueda terminar, todos los que lo vean comiencen a burlarse de él, diciendo: "Este hombre comenzó a edificar y no pudo terminar".

¿O qué rey, cuando sale al encuentro de otro rey para la batalla, no se sienta primero y delibera si con 10.000 hombres es bastante fuerte para enfrentarse al que viene contra él con 20.000? Y si no, cuando el otro todavía está lejos, le envía una delegación y pide condiciones de paz. Así pues, cualquiera de ustedes que no renuncie a todas sus posesiones, no puede ser Mi discípulo.

Capítulo 13

Los inicios

Nuestro amigo Paul Coblentz, quien me había guiado al
Señor, iba a la iglesia con la familia Gess. Fue quien hizo la
conexión entre ellos y nosotros, y así Esther y yo nos mudamos
a la casa de esta familia aunque no los conocíamos. Jerry y Carol
Gess nos aceptaron como hijos de inmediato y abrieron su ático
para que tuviéramos dónde vivir hasta que encontráramos un
lugar propio. Así que ahí llevamos todas nuestras pertenencias.
Para los Gess, el ático era un lugar donde almacenaban cosas.
Los escalones estaban casi cubiertos de cosas y arriba había
cajas y otros objetos que llenaban el espacio sin terminar, con
apenas un sendero que serpenteaba entre cajas y llevaba a una
cama, nuestra cama. Para nosotros era maravilloso, un refugio.
Y a la hora de comer, comíamos con ellos.

Jerry y Carol nos dijeron: "A partir de hoy, son familia", y
era cierto. Se esforzaban de todas las formas posibles para que
nos sintiéramos como parte de la familia. Lo mismo hacían
sus hijos Randy, Debbie y Rene'. Cuando Randy murió a causa
de una enfermedad cardíaca, sentí que había perdido a un
hermano, verdaderamente un hermano de sangre. En cuanto

a Debbie y Rene', eran y siguen siendo parte de nuestras reuniones familiares. Siempre nos incluyeron como si fuésemos de su familia, nuestros hijos los conocen como abuelos y tías y pasamos siempre el Día de Acción de Gracias y la Navidad con ellos. Hasta nos hemos ido juntos de vacaciones.

Esta conexión de familia es tan real que cuando Debbie enfermó de cáncer yo fui una de las primeras personas a las que llamó. Estuvimos allí con ella en sus consultas en el hospital y a lo largo de los años hemos estado con ella en el hospital, siempre juntos en la sala de espera. El cáncer de Debbie desapareció. Oramos porque Dios la librara del cáncer y Él lo hizo. Hoy, sigue sin tener cáncer. Su hermana Rene' sirve como mi secretaria a tiempo completo en el Ministerio MAP. Tantas veces, la eterna familia de Dios está más cerca que la familia de sangre.

La familia Gess nos enseñó sobre la importancia de ir a la iglesia, a la escuela dominical y a los servicios de la noche del miércoles y el domingo. Una cosa que nos impactó más que cualquier otra fue que nos mostraron lo que es el amor incondicional. Cuando era pequeño, y también un poco mayor, pensaba que el amor y la aceptación se basaban en mi capacidad por alcanzar los parámetros. Los Gess cambiaron todo eso. Los hemos visto llegarse hasta otros y amarlos incondicionalmente, una y otra vez. Jerry y Carol han llenado un vacío en estos treinta años con un papel importante en nuestras vidas. Hoy los conozco mejor a ellos que a mis propios padres.

Nuestra primera Navidad con ellos fue abrumadora. Estábamos acostumbrados a recibir tal vez un par de guantes o alguna otra cosa que necesitáramos como regalo. Esa primera Navidad con la familia Gess ¡fue increíble! Nos llovían los regalos. Jamás nadie había hecho eso conmigo.

Nos ayudaron a conseguir empleos, a comprar ropa, a volver a conseguir nuestras licencias de conducir. Incluso nos enseñaron a combinar los colores de la ropa que vestíamos. Tal vez suene tonto, pero con tantos estilos y colores de ropa para elegir, no sabíamos cómo vestirnos. Todo eso formaba parte de nuestra transición de ser amish a ser ingleses.

Vivimos con Jerry y Carol durante más o menos un año. En el primer mes conseguí empleo como soldador y ganaba el salario mínimo. Como habíamos ahorrado $ 600 de las ventas de los gusanos para carnada, decidimos salir a buscar un auto. Unos amigos ingleses nos dijeron:

— Nuestro vecino está vendiendo su auto. ¿Por qué no vienen a verlo?

Cuando llegamos, vi que el auto tenía palanca de cambios. Jamás había conducido un auto con cambios, pero le dije al dueño que no sería problema.

— Sal a probarlo por aquí cerca — me dijo.

Me senté en el asiento del conductor de ese viejo Ford Granada, puse primera, salí de la entrada de la casa y me dirigí por la ruta 545 hacia Olivesburg. Al rato decidí dar la vuelta y regresar. Disminuí la marcha y me dirigí al camino de ingreso a una propiedad. En ese momento me di cuenta de que no sabía cómo poner la marcha reversa. Tras intentarlo durante diez minutos buscando cómo lograrlo, salió el granjero del lugar para ver qué era lo que estaba pasando. Le expliqué mi problema y me aconsejó.

— Solamente hay que tirar hacia arriba con la perilla y así podrá mover la palanca a la marcha reversa —, y se rio.

Me sentía tonto, pero decidí que no iba a explicarle mi situación. Conduje el auto de regreso hasta la casa de su dueño y le pregunté por el precio.

— ¿Cuánto quiere por su auto? — pregunté, sabiendo que el valor del auto era de $ 2.000 y yo no podría pagarlo.

— Entiendo que usted y Esther acaban de dejar a los amish, así que mi esposa y yo nos sentiríamos contentos de regalárselo — me respondió.

No podía creer lo que oía. Este hombre ni siquiera me conocía. ¿Cómo podía darme las llaves de su auto sin cobrarme un centavo? Más tarde, Esther me recordó la promesa de Jesús en Marcos 10:29-30: En verdad les digo, que no hay nadie que haya dejado casa, o hermanos, o hermanas, o madre, o padre, o hijos o tierras por causa de Mí y por causa del evangelio, que no reciba cien veces más ahora en este tiempo: casas, y hermanos, y hermanas, y madres, e hijos, y tierras junto con persecuciones; y en el siglo venidero, la vida eterna. Esta promesa se ha cumplido en nuestras vidas muchas veces desde esa primera experiencia con el dueño del auto. Dios ha bendecido cien veces, y más, a nuestra familia.

Se me abrieron los ojos a la Biblia como nunca antes. El maestro de la escuela dominical era Jerry Gess y nos enseñaba la Biblia versículo a versículo. Esos primeros tres años fueron casi como una luna de miel. Esther y yo nos empapábamos de todo eso y crecíamos continuamente, volviéndonos más fuertes en nuestra fe.

En mi juventud, muchos de los sermones que oía se centraban en Dios Padre. De repente, ahora iba a una iglesia donde se hablaba mayormente del Hijo. Recuerdo haber pensado que el Padre debía estar ofendido. Pero tras oír muchos sermones diferentes pude ver la importancia del papel del Hijo y cómo Él, por medio de la muerte, sepultura y resurrección, fue quien tendió un puente sobre el enorme abismo que hay entre nosotros y Dios Padre.

Mi pastor, John Bouquet, sentía afecto por mí y me dio tres lindos trajes para que los vistiera cuando iba a la iglesia. Pero hizo mucho más. Se sentó con Esther y conmigo muchas veces para estudiar la Biblia y respondió a todas nuestras preguntas sobre la Palabra de Dios. Esto era tan distinto a nuestra vieja cultura, donde casi nunca se usaba la Biblia y casi todas las preguntas se respondían con tradición y reglas de la iglesia.

Eventualmente vimos que necesitábamos ser bautizados por inmersión, algo que difería de las enseñanzas amish en varios aspectos. El pastor John enseñaba a partir de la Palabra de Dios sobre quién, cuándo, por qué y cómo debía ser bautizada una persona. Nos explicó que la palabra griega *baptizo* aparece ochenta veces en el Nuevo Testamento y que siempre significa "hundir o sumergir". No era algo que Esther y yo tuviéramos que hacer para ser cristianos, sino algo que queríamos hacer porque lo éramos.

Colosenses 2:12 dice que hemos sido sepultados con Él en el bautismo, en el cual también han resucitado con Él por la fe en la acción del poder de Dios, que lo resucitó de entre los muertos.

Nuestra iglesia tenía unos doscientos cincuenta miembros y muchos de ellos se acercaron a nosotros. El día de nuestro bautismo fuimos el centro de atención y todos estaban entusiasmados, alabando al Señor por todo lo que Él estaba haciendo en nuestras jóvenes vidas. Ya pasado el bautismo, de inmediato quisimos ser miembros de este cuerpo local de creyentes. El pastor John nos cobijó bajo sus alas y al día de hoy sigue siendo el pastor y nosotros, miembros de su iglesia.

Capítulo 14

La transición

Poco después de que Esther y yo dejáramos a los amish, vinieron dos de sus ministros a vernos en la casa de los Gess para presionarnos a que nos entregáramos a Satanás. Al principio trataron de no entrar en un debate sobre las Escrituras, pero luego uno de ellos nos compartió el relato bíblico de 1 Corintios 5:5-7, del joven que había cometido incesto con la esposa de su padre. En ese caso el apóstol Pablo le escribió a la iglesia, pidiéndoles que entreguen a ese tal a Satanás para la destrucción de su carne, a fin de que su espíritu sea salvo en el día del Señor Jesús.. ¿No saben que un poco de levadura fermenta toda la masa? Limpien la levadura vieja para que sean masa nueva, así como lo son en realidad sin levadura.

Como joven cristiano me preguntaba cómo alguien podía ponernos en la misma categoría que quienes cometen incesto. Por cierto, cambiar de cultura y asistir a una iglesia que no era amish no nos convertía en impíos.

El diácono se aclaró la voz y dijo:

—Estamos pidiéndoles que acepten la prohibición sobre ustedes para que nosotros, como iglesia, podamos entregarlos a Satanás.

Hasta ese momento, jamás me había atrevido a contestarle a un predicador amish, pero respondí:

— La sangre está sobre ustedes. Si sienten que eso es lo que tienen que hacer, responderán ante Dios.

Tras unas horas de rogarnos y tratar de convencernos para que regresáramos, los dos predicadores vieron que ni Esther ni yo íbamos a volver a la iglesia amish. Les costó aceptar nuestras respuestas y a nosotros nos costó ver que tuvieran tanta dificultad porque en verdad ellos creían que íbamos directo al lago de fuego.

A poco de empezar a asistir a la Iglesia Bautista Bethel, uno de los miembros me compró una linda Biblia de estudio de buen tamaño. Durante los tres años siguientes leí esa Biblia de principio a fin y absorbí y entendí la verdad de Dios. Quería saber más y más. Hoy, todavía, recuerdo que 1 Corintios 2:9-10 no es algo que suceda después de la sepultura, sino que está ocurriendo hoy: ...sino como está escrito: Cosas que ojo no vio, ni oído oyó, ni han entrado al corazón del hombre, son las cosas que Dios ha preparado para los que lo aman. Pero Dios nos las reveló por medio del Espíritu, porque el Espíritu todo lo escudriña, aun las profundidades de Dios.

Subrayaba versículos y hacía anotaciones en los márgenes de mi Biblia, que eventualmente acabó desarmándose por el uso. Quería comunicar lo que sabía a todo el mundo y me acercaba a gente desconocida para preguntarle: "Si murieras hoy ¿estás seguro de que irías al Cielo?". Predicaba en hogares de ancianos y todos los jueves por la noche salía a ganar almas.

Una de las cosas más duras de abandonar a los amish fue dejar a mi familia. Papá había dejado en claro que no podíamos volver a pisar su propiedad. La congoja y torbellino interno que siente un ex amish es como si estuviese tironeado entre el amor por su familia y el amor por seguir a Jesús, como se hace evidente la verdad de Dios en "Queridos padres", un artículo que escribió un amigo mío:

Soy yo, su hijo. Quiero decirles lo que ha estado en mi corazón durante un tiempo. Verán, a pesar del hecho de que elegí una vida distinta a la que ustedes querían para mí, eso no significa que no me agraden. Solo porque decidí no seguir su religión, eso no significa que no los ame. A pesar de nuestras diferencias quiero decirles que los amo.

Cuando termino de trabajar cada día me siento en la galería de mi casa y pienso, y oro. Sé que esto puede parecerles extraño ya que pensarán que he elegido un camino que me aparta de Dios. Pero escuchen lo que tengo para decir. Verán, oro por ustedes dos porque los amo y porque sé que Dios los ama. Tengo fe de que nuestra relación puede restaurarse.

He pensado en nuestra relación y siempre quise comunicarles lo que había en mi corazón, pero entre nosotros hay algo así como una barrera. Sin duda ha sido duro para ustedes que decidí al apartarme de aquello en lo que creen. Solo puedo imaginar cómo se sienten. Pero sé que las barreras pueden derribarse y esta noche he recibido una respuesta a mis oraciones al poder escribirles esta carta.

Mis queridos padres, cuando dejé su iglesia lo hice sin darles más información que la que tenía que darles en ese momento. Sin duda les pareció que yo los avergonzaba y también a la iglesia. Y para peor, sentí que no podía decirles a ambos nada que los hiciera sentir mejor. De hecho, cada vez que les dije algo parecían incapaces de oírme siquiera. Lo lamento, y lamento no haberles contado más, no haber dedicado tiempo a asegurarme de que entendieran exactamente de dónde venía yo. Porque, verán, no es que me disgusten ustedes o alguien de la iglesia. Por favor, separen eso del hecho de que no puedo adherir a la religión de su iglesia. Deben recordar que los amo, pero no me gusta su religión. Ustedes no son su religión. Son mucho más.

Mis queridos padres, si quieren saber si tengo una relación con Cristo, tienen que preguntármelo. Por favor, que esto sea para mí una señal de que les importa y quieren saber de mi relación con el Señor, preguntándome para que pueda decirles más. Hasta saber que quieren oír de mi relación con el Señor, me costará contárselos. Siguen siendo mis padres y el hecho de que me digan que estoy equivocado hace que me cueste más contarles de mi amor sincero y mi relación con mi Señor.

Me resulta muy confuso que me pregunten a menudo si pertenezco a una iglesia, pero no me preguntan si tengo una relación con Dios. Me temo que consideran más a su iglesia que a Dios. Me aferro a la débil esperanza de que todo esto no es más que un malentendido entre nosotros y que nos limitamos a danzar por separado, sin llegar nunca al corazón del asunto. Cuando quieran oírme, les contaré con todo gusto y tal vez podamos encontrar terreno común.

Sé que tenemos un objetivo común. Todos queremos ir al cielo, adorar eternamente y estar con Dios, nuestro perfecto Creador. También sé que no tengo nada en mí mismo porque no soy justo. Solamente Dios es justo, y Él es mi justicia y Le sirvo por amor y fe en lo que Él ha hecho por mí. Oh, mis queridos padres, no piensen que estoy echando fuera mi amor por Dios al abandonar sus tradiciones. Más bien, estoy dejando sus tradiciones porque me eran piedra de tropiezo, como lo fueron para los judíos en tiempos de Jesús. Mi oración es que no tropiecen ustedes con la misma piedra, aunque me temo que tal vez sea así.

Por sobre todo, sepan que estoy orando por ustedes y que esperaré con paciencia hasta que abiertamente me hagan preguntas respecto de mi fe. Hasta entonces, estoy orando porque comprendan que no me siento por encima de ustedes según los parámetros terrenales. Por el contrario, confieso abiertamente que no soy nada. No me reservo nada para mí, sino que solo deseo servir a Dios que es mi Salvador. Hasta entonces pensaré en mi niñez y recordaré todo lo que han hecho ustedes por mí. Agradezco mucho que sean mis padres porque los amo y sé que me han dado tanto. Hasta entonces, mis queridos padres, recuerden que Dios los ama.

Su hijo.

Una noche de domingo, a más o menos un año de habernos ido, le pedí a Esther que me llevara en el auto hasta la casa de mis padres.

— Déjame donde comienza el sendero de ingreso. No dejaremos nuestro vehículo en su propiedad. Veré si papá y mamá me aceptan.

No sabía en realidad qué esperar cuando salí del auto y caminé por el sendero hasta lo que había sido mi hogar. Para sorpresa mía, mi familia estaba muy feliz al verme.

Nos sentamos a conversar y todo iba bien, hasta que alguien llamó a la puerta. Papá se puso de pie y dijo:

— Corre, Joe, corre a esconderte. No quiero que nadie sepa que estás en casa.

Corrí desde la cocina a la sala y pasé por la puerta hasta el dormitorio de mis padres. Los amish entraron, conversaron un rato y luego se fueron.

Salí de mi escondite y conversamos un rato más. Volvieron a llamar a la puerta. Otros amish. Papá seguía siendo un hombre ocupado. Y de nuevo me dijo: "¡Corre!". Y eso hice.

De nuevo me escondí, pero esta vez los visitantes no se fueron. Permanecí escondido durante media hora y sabía que Esther llegaría pronto a buscarme. Así que abrí la ventana del dormitorio de mis padres y salí por allí. No pude despedirme.

Si bien fue muy duro abandonar a los amish, encajar en otra cultura fue, y sigue siendo, muy difícil. Nuestra cultura nos había rechazado, así que ya no podíamos considerarnos amish. Nos habíamos unido a la cultura de los ingleses, pero no habíamos nacido en esa cultura. Fue como cuando un ciudadano estadounidense va a otro país y aprende a vestirse de otra manera, pero siempre se siente un poco como alguien de afuera. Es un sentimiento común entre los que estamos en el medio, entre la cultura amish y la de los ingleses. A veces nos abruma tanto que los únicos con los que podemos estar es con otros ex amish.

Por ejemplo, en mi iglesia tenemos varios ex amish. Todos se sientan juntos, en una esquina. A menudo, cuando los demás se van a sus casas, los ex amish nos quedamos a conversar. Comemos juntos cada dos semanas los domingos, mayormente solo los ex amish, pero también invitamos a los que son ingleses.

Otra de las dificultades que enfrentan los ex amish, en particular los varones jóvenes, son las deudas. Consiguen empleos, comienzan a cobrar sus cheques semanales y lo primero que quieren hacer es una gran camioneta todoterreno. Luego modifican el caño de escape y compran parlantes más grandes y agregan adornos. De repente, ya no pueden pagar el seguro, el mantenimiento y muchos otros gastos que vienen con el estilo de vida de los ingleses.

Las transiciones también se filtran en los aspectos religioso y social de la vida. Tras asistir a la iglesia bautista durante unos dos años, mi pastor vino a preguntarme si yo quería ser diácono. Para mí, eso significaba que me habían elegido. Solo vinieron a preguntármelo y me sentí incómodo, pensando en mi familia y los demás. ¿Qué pensarían si yo era diácono autodesignado? Después de pensarlo y orar respecto a si ser diácono, acepté la invitación para comenzar como diácono "aprendiz" durante un año. En la cultura amish teníamos solo un diácono por distrito de iglesia. En la cultura de los ingleses, o al menos en Bethel, siempre teníamos ocho o más diáconos. Lo que el pastor y los diáconos no veían era que para mí era algo muy importante sentarme cada mes con un grupo de hombres mayores y conversar sobre las cosas. Ese primer año casi ni hablé y me limité a observar. Si correspondía, asentía y decía que sí cuando había que votar. Durante una de las reuniones hablamos de la necesidad de reparar los pozos que había en el ingreso de autos al terreno de la iglesia. De inmediato pensé en mi niñez: recordé los pozos que había en la entrada de mi casa y la forma en que, con nuestras hachas, cortábamos un hoyo rectangular de unos cinco centímetros de profundidad y poníamos ladrillos cubiertos por grava. ¡Y funcionaba! El hoyo quedaba cubierto y no volvía a hundirse.

Esperé durante un momento en silencio y luego les conté sobre mi experiencia con los hoyos.

— Bueno, ve a buscar el hacha y empieza a trabajar — dijo riendo mi pastor.

No se daba cuenta de que me había llevado todo un año el ser capaz de decir algo. Cuando rio, todos los demás rieron también. Pensé que moriría. Fui a ver al presidente de la junta esa noche y le dije:

— Hasta aquí llego. No puedo con esto.

Al día siguiente, él fue a ver a mi pastor y le contó lo que había sucedido. En treinta años he visto llorar a mi pastor pocas veces, y esa fue una de ellas. Se le llenaron los ojos de lágrimas que rodaron por sus mejillas cuando se disculpó. En ese momento eso me impactó mucho y ambos aprendimos mucho. Luego me animó a seguir perteneciendo a la junta. Eso hice, y serví como diácono los siguientes veinte años. Durante varios años consecutivos los diáconos mayores me pedían que sirviera como presidente de la junta. Lo acepté, sintiéndome honrado y con corazón humilde.

Hay una mentalidad en los amish que difiere de la forma de pensar de los ingleses. Nosotros nos esforzábamos por formar comunidad. Se reunían con frecuencia grandes grupos de personas en la propiedad de alguno para ayudar con los proyectos más grandes. Nos conocían como los que podíamos construir un enorme granero en un día. Las mujeres, por otra parte, se reunían una vez al mes y se ayudaban mutuamente en la preparación de conservas y la limpieza de las casas.

El ajuste más difícil para nosotros en el mundo de los ingleses fue la igualdad de los hombres y las mujeres. En la cultura amish eran siempre los hombres quienes lideraban, y lo sabíamos todos. Lamentablemente, a veces el resultado de eso eran las situaciones abusivas. Los hombres eran duros con su autoridad, no solo en el hogar, sino también en la iglesia. Las mujeres podían votar en la iglesia, pero votaban en acuerdo con los hombres. En una oportunidad mi hermana votó en contra de los hombres. Al día siguiente se presentaron ante su puerta tres ministros de la iglesia. Le dieron dos opciones: revocar su voto o ser disciplinada públicamente frente a toda la iglesia. Mi hermana revocó su voto. En la cultura de los ingleses, los hombres y las mujeres son más iguales. No solo hay mujeres ocupando puestos en la iglesia, sino que también sirven como doctoras, abogadas, policías y juezas.

Otra de las grandes áreas de diferencia entre las dos culturas está en los parámetros del código de vestimenta. Las mujeres amish se vestían para cubrirse de la cabeza a los pies. Los vestidos tenían que llegar a unos centímetros del suelo y cubrir hasta el cuello. Los hombres y las mujeres tampoco podían llevar mangas cortas y todos debían llevar sombreros o cofias. Lo único que se podía ver al descubierto eran las manos y el rostro. Durante varios años después de dejar la cultura amish insistí en un estricto código de vestimenta para Esther y nuestra hija, Rachel. Y lo hacía mayormente porque veía hacia dónde se encaminaba el resto de la sociedad. El estilo de vestimenta de las mujeres suele ser ajustado y revelador, incluso en la iglesia. Todavía me cuesta mucho aceptarlo, pero he aprendido que hay algunas cosas que simplemente no puedes cambiar.

Capítulo 15

La familia

Después de nuestra estadía con Jerry y Carol Gess, teníamos ya suficiente dinero como para un depósito y el primer mes de renta de una casa con un solo dormitorio. No teníamos hijos, pero eventualmente el concepto de pagar alquiler nos parecía un desperdicio de dinero y empezamos a buscar una casa propia. En unos meses más encontramos una que tenía dos dormitorios. Reunimos todos nuestros ahorros e hicimos una oferta por la casa.

Recuerdo haber pensado que la única forma de pedir dinero prestado era el banco. Pero ¿qué pasa si sucede algo que nos impide efectuar los pagos? No teníamos ya a la comunidad amish que nos respaldara. Para Esther y para mí, esto era algo enorme que nos asustaba.

Vivimos en esa casa durante diez años. En ese período de tiempo nacieron nuestros hijos, Jonathan y Rachel, y yo trabajaba un tercer turno fabricando herramientas y moldes de fundición, en tanto que Esther se ocupaba de la enseñanza escolar de nuestros hijos, en casa. Jonathan estudió en casa hasta terminar la escuela secundaria y Rachel hasta terminar la primaria y después decidió que estudiar en casa ya no era para ella, así que durante un año le permitimos asistir a una escuela pública, pero eso tampoco funcionó del todo bien. Al año siguiente encontramos una escuela cristiana privada que podíamos pagar. En esa escuela Rachel siguió avanzando muy bien, madurando hasta ser una jovencita hermosa.

De la asistencia de Rachel a Mansfield Temple Christian provino una bendición personal cuando se anotó en un concurso de escritura de cartas para el día del padre y ganó el primer premio. Como resultado de haber ganado el primer premio, ella y yo caminamos por la alfombra roja. En el Apéndice A incluyo su carta con corazón humilde, dando a Dios toda la gloria que Él solo merece.

Cuando nuestros hijos eran pequeños todavía, Esther y yo solíamos conversar sobre su crianza porque queríamos criarlos de manera distinta a la que habíamos conocido nosotros. Cuando veía que mi pastor, de más de cuarenta años de edad, les daba las buenas noches a sus padres con un abrazo y un beso, fui directo a decirle a Esther que quería incorporar eso a nuestra familia, y eso hicimos. Hoy, nuestra familia siempre se despide con un abrazo y un beso y nos decimos cuánto nos amamos y valoramos.

Jonathan decidió que no seguiría estudiando después de terminar la escuela secundaria. A los diecisiete años buscó empleo en una compañía ubicada en Phoenix, Arizona, trabajando por medio de Internet. Trabajaba desde nuestra casa y tuvo mucho éxito. El hombre para quien trabajaba no tenía idea de que él tenía solo diecisiete años, así que cuando el dueño de la empresa quiso que volara a Phoenix por un seminario, Jonathan enseguida se preocupó. No solo era menor de edad, sino que sentía que por su baja estatura lo despedirían.

Jonathan compró un traje nuevo, una corbata y zapatos para asistir al seminario al que su jefe le había indicado ir. Toda nuestra familia empezó a orar para que Dios hiciera que todo saliera bien y Él respondió. El mismo día que cumplía dieciocho, se subió a un avión en Cleveland, Ohio, y voló a Arizona. Parecía maduro, confiado en sí mismo, y nos sentíamos muy orgullosos de él. Su jefe, que además era el dueño de la compañía, se sintió encantado con Jonathan a pesar de su estatura. Hoy Jonathan es el segundo al mando y le va muy bien en la empresa. El espíritu emprendedor de Jonathan no le permite estar ocioso. Tiene varios emprendimientos que formó desde cero y cuenta con muchos empleados que están dispersos por Estados Unidos. Compró su primera casa a los veintitrés años y adquirió una segunda propiedad a solo cinco casas de la nuestra. A pesar de todos sus negocios, aún tiene tiempo para involucrarse con fidelidad en las vidas de los jóvenes de la iglesia, que se reúnen cada noche de miércoles. Le apasiona ayudar a los jóvenes a salir adelante en la vida y ha invertido muchas horas como mentor, haciendo discipulado.

Cuando nuestros hijos tenían diez años leímos una serie de cuatro libros escritos por Stan y Brenna Jones. Cada libro explicaba en detalle cómo Dios ha diseñado el cuerpo humano y de qué modo cambiarían sus cuerpos a medida que crecieran. Para cuando tenían doce años, tanto Jonathan como Rachel lo sabían todo acerca de "los pájaros y las abejas". No dejamos detalle sin explorar.

A menudo hablábamos con nuestros hijos sobre el futuro y que en algún momento de su adolescencia intentarían apartarse de nosotros, e hicimos planes sobre cómo manejar esos momentos difíciles. Y sí, llegaron las dificultades de la adolescencia y algunas fueron brutales, pero ahora podemos mirar hacia atrás y decir que estábamos preparados. En la mayoría de los casos lo manejamos bien y se eliminaron así muchos años de dolor y tristeza.

En casa tenemos un sofá de oración en la sala de estar y

cada mañana nos sentábamos individualmente con Jonathan y Rachel para orar por ellos. Cuando terminábamos, ellos oraban por nosotros. Muchas veces oramos a Dios pidiendo que les ayudara a permanecer sexualmente puros durante sus años de salidas con chicos y chicas, y que les diera cónyuges cristianos. Poníamos énfasis en la pureza y los cónyuges cristianos, y Jonathan y Rachel también lo hacían.

Cuando Rachel tenía dieciséis años nos dijo:

— Me gustaría armar una pequeña ceremonia para nuestros amigos más cercanos, ante quienes yo pudiera rendir cuentas, y que oren por mí y lean pasajes de la Biblia que se centren en la pureza.

Cuando llegó ese día especial, Rachel preparó el desayuno para todos y entonces los ocho integrantes del grupo nos reunimos en la sala. Cada uno compartió con los demás lo que tenía en su corazón, leímos las Escrituras y finalmente impusimos nuestras manos sobre Rachel y le pedimos a Dios que le diera sabiduría, que la bendijera y protegiera. Ella se puso un anillo de pureza en el dedo e hizo votos ante Dios y ante nosotros en cuanto a que iba a mantenerse pura. Finalmente, firmamos un certificado que enmarcamos y colgamos en su dormitorio. Junto al certificado había otro cuadrito con la silueta de un hombre.

Cuando Rachel conoció a Dave en la universidad cristiana, le dijo que no podrían salir o tener citas hasta que él cumpliera con cinco requisitos. El primero era conocer a su papá, y David aceptó, así que hicieron arreglos para el primer encuentro cara a cara.

El día en que Esther y yo fuimos a conocer a David, fui con una lista de preguntas. Rachel y nuestro pastor habían aprobado las preguntas. Yo estaba decidido a que él tenía que ser respetable, nacido de nuevo, apasionado por el Señor, y mi esperanza era que hubiese sido criado en un hogar cristiano en el que la familia fuera una prioridad.

Al llegar a la Universidad Malone, Rachel salió a nuestro encuentro en el estacionamiento.

— Papá, confío en ti, pero actúa normalmente y, por favor, sé amable. No es como si estuviéramos pensando en comprometernos.

— No te preocupes, Betsy (ese es el sobrenombre de Rachel desde que era pequeña). Tan solo ora porque yo logre dominar al león rugiente que tengo dentro y no le permita salir.

Sin duda, sentí que sudaba y que mi corazón latía el doble de rápido cuando David y yo fuimos al restaurante Red Lobster. Habíamos planeado que Esther y Rachel tendrían su tiempo de madre e hija mientras yo evaluaba a David.

Nos sentamos y ambos ordenamos el Ultimate Feast.

— Bien, David, ahora que estamos aquí sentados esperando la comida, quiero que sepas que para este papá no es fácil dejar que cualquiera se lleve a mi Betsy. Antes de que naciera Rachel, su mamá y yo empezamos a orar a Dios para que trajera el hombre adecuado a su vida. Ahora parece que hemos llegado al punto en cuestión y me gustaría hacerte algunas preguntas.

Así, procedí a recorrer mi larga lista, que he incluido aquí como Apéndice B.

Finalmente me sentí muy cómodo con David y confiaba en Rachel. Pero este no era más que el primer paso. David tenía que cumplir cuatro requisitos más que había presentado Rachel.

En los siguientes dos años, David y Rachel leyeron siete libros sobre el noviazgo y el matrimonio, mientras ella completaba cuatro años de universidad en solo tres. Su deseo era graduarse más o menos al mismo tiempo que David, que había comenzado un año antes. No solo sentíamos que como familia habíamos ganado un hijo, sino que además nos hicimos muy amigos de los padres de David. En verdad, el Señor honró nuestro esfuerzo y nos bendijo más allá de lo que pudiéramos comprender.

Cuando David pidió reunirse con Esther y conmigo intuimos

que iba a pedir casarse con Rachel. Ya habíamos decidido que David era el hombre que Dios había escogido y que era quien representaba la silueta del hombre que había en el cuadro del dormitorio de Rachel. Sin embargo, antes de responder que sí, le dije:

— David, nos hemos estado preparando para este momento y tenemos algunos comentarios y otra lista de preguntas que te queremos hacer.

Esta lista era todavía más larga que la primera, pero David entendía nuestra preocupación y la importancia de hacer lo correcto. Encontrarás esta lista en el Apéndice C.

Esther y yo habíamos insistido mucho en el tema de las citas, la pureza y el matrimonio, y como para nosotros era tan importante, lo era también para nuestros hijos. David y Rachel se casaron pocos meses más tarde y tuve el privilegio de hacer con ellos los votos matrimoniales. Lloré como un bebé ese día mientras llevaba a nuestra Betsy al altar y la entregaba a un hombre al que había conocido hacía tan solo dos años. Eran lágrimas de tristeza, gozo y probablemente unas veinte emociones más.

Pasó casi un año y Rachel quedó embarazada de Squirt[5], o así la llamábamos hasta que le pusieron su verdadero nombre: Lily. Hace poco recibimos la buena noticia de que Rachel está encinta otra vez y en esta ocasión será un niñito, al que por ahora llamamos Sprout[6].

Jonathan era más independiente. No se sentía cómodo con un anillo o con un nombre grabado en la parte trasera de su reloj pulsera. Siempre le había ido bien en sus finanzas, pero con veintiséis años tenía problemas emocionales. Sin embargo, eso le sirvió como epifanía. Estaba en Dakota del Sur, fundando un nuevo negocio, pero las cosas no iban tal como las había planeado.

---

5   N, del T.; Equivalente a miniatura, pero de forma cariñosa.
6   N. del T.: Retoño.

Cuando regresó a casa nos dijo:

— Mi vida va a cambiar drásticamente. Voy a encontrar una novia.

La primera chica no funcionó, pero él no desistió. Pasaron unas semanas y un amigo nuestro lo puso en contacto con Havilah. Hoy están enamorados y pasando por algunas de las etapas por las que han pasado David y Rachel. Como Jonathan vive cerca, en la misma calle que nosotros, viene todas las noches y cenamos juntos. ¡Mamá está feliz y el corazón de Jonathan rebosa de alegría! Ahora que ha estado saliendo con Havilah, ella también viene a cenar varias veces a la semana. Nos encariñamos con ella, de veras.

Un lunes por la noche, cuando salimos en familia, Jonathan dijo:

— Bueno, papá, estarás orgulloso de mí. Me senté a escribir una carta preguntándole al padre de Havila si me permite iniciar una relación con su hija.

Lo hizo por su cuenta y me sentí muy orgulloso de él.

La respuesta fue muy positiva. El padre contestó: "Por supuesto, tienes mi permiso. Nos entusiasma, por tu vida y la de Havilah".

Hoy nuestros dos hijos adultos son activos en sus iglesias. Jonathan enseña a los jóvenes los miércoles por la noche y su corazón de mentor está con los que han crecido en hogares con problemas. David y Rachel lideran un estudio bíblico los lunes por la noche en su hogar y trabajan atendiendo niños.

No tengo mayor gozo que este: oír que mis hijos andan en la verdad (3 Juan: 4).

Capítulo 16

El llamado de Dios

Después de haber abandonado la comunidad amish me mantuve lejos de ellos durante quince años. Me ocupaba de mis cosas y tenía actividades de ministerio en mi iglesia. Disfrutaba de las oportunidades para predicar en los hogares de ancianos y cada noche de jueves participaba de las salidas para ganar almas. Con el tiempo la iglesia me preguntó si podía enseñar a los niños de cuarto, quinto y sexto grado en la escuela dominical. Durante cinco años puse todo lo que tenía en mí en quince niños con los que me encariñé mucho. No solo pasábamos tiempo en el aula, sino que también nos reuníamos durante la semana y hacíamos cosas divertidas. Varios de esos chicos venían de hogares con problemas y necesitaban la figura de un padre en sus vidas. Dios me usó para llenar ese vacío y sentía que marcaba una diferencia en sus vidas.

Eventualmente nuestro pastor de jóvenes decidió que yo debía pasar a la clase de adolescentes en la escuela dominical. Muchos de los chicos que había tenido en la clase anterior pasaron conmigo y Dios me dio unos años más para enseñarles y equiparlos para la vida. Hoy, tres de esos jóvenes se dedican a tiempo completo a algún ministerio. Aaron es pastor en una iglesia de Tennessee, Matt es pastor en una iglesia de Vermont y Mike es profesor universitario y ha servido en distintas universidades cristianas de los Estados Unidos. No podría sentirme más orgulloso de ellos y siempre alabo a Dios por el pequeño papel que tuve en sus vidas.

Hubo un año en que, durante una conferencia de misiones en mi iglesia, John Jackson[7] habló el día lunes, y también el martes y el miércoles. La noche del martes yo sentí como si me estuviese hablando directa y personalmente. Recuerdo haberme levantado de mi asiento para ir al frente. Sabía que Dios me estaba llamando al ministerio. Kenny, uno de los pastores, se acercó y me abrazó.

— ¿Por qué viniste al altar?

— Hoy entrego todo mi corazón y toda mi alma a Dios — le dije — e iré a África o donde sea que Dios quiera que vaya.

Sin embargo, no estaba pensando en ir a ministrar a los amish. No había un ministerio como ese y además me sentía como Jonás se habrá sentido respecto de Nínive: cuanto menos tuviera que ver con los amish, tanto mejor.

Pasaron un par de años y me encontré pensando en los amish cada tanto. Había cada vez más muchachos que abandonaban esa cultura y en un momento tuvimos a tres de ellos viviendo en nuestra casa de dos dormitorios. Dormían en el sofá o en el suelo. Esther y yo vimos que allí había una necesidad.

Luego me enteré de un hombre amish que se había suicidado en Mount Eaton, Ohio, dejando sola a su esposa con tres niños. Esther y yo decidimos ir hasta allí. Cuando llegamos nos dijeron que este era el tercer suicidio del año en esa comunidad. La mayoría de los amish creen que los suicidas no pueden ir al Cielo. En algunas comunidades los suicidas son sepultados

---

7   Cofundador de Thriving Churches International, autor y figura importante de la iglesia bautista.

fuera del cerco del cementerio y sin lápida. Pocos años después nadie sabe ya dónde fue enterrada la persona. Es lo que había pasado con los tres suicidas de la comunidad de Mount Eaton. Esther y yo entramos en esa casa y encontramos a todas las mujeres amontonadas en la cocina, vestidas de negro. Los hombres estaban en la sala. Nadie hablaba. Todo era muy oscuro, triste, sin esperanza alguna. Nos llevaron a una habitación iluminada por un farol de keroseno. Sobre unos tablones había un hombre acostado y tapado con una sábana blanca hasta el cuello. Las sombras producidas por la fluctuante llama del farol se replicaban sobre las paredes y el cuerpo. Por primera vez me impactó pensar que esa llama de la lámpara no era nada en comparación con las llamas del infierno y me pregunté: "¿Quién le dirá a esta gente que hay esperanza?". Este hombre se suicidó porque había dejado la iglesia amish, lo excomulgaron y entregaron a Satanás. Si se quedaba aquí no iba a poder soportarlo. La única salida para él fue ir al piso de arriba y matarse de un disparo en la cabeza.

Salí de esa casa y afuera todo estaba oscuro. Ya casi había olvidado que las noches sin electricidad son tan negras. De camino a casa le dije a Esther:

— Alguien tiene que hablarles del evangelio a estas personas.

Durante los seis meses siguientes sentí que un torbellino me pasaba por encima mientras trabajaba. Despertaba por la mañana y lloraba de camino a mi trabajo. No era por ir a trabajar, porque me gustaba lo que hacía, sino a causa de la desesperanza que había en la comunidad amish. Oraba porque Dios enviara a alguien a la cultura amish. No se me ocurría pensar que sería yo. No podía ser yo: me habían excomulgado de la iglesia amish, me habían despreciado y juzgado por rebelde y me consideraban un alma perdida destinada al infierno.

Pasaba el tiempo y mis dificultades internas se me hacían

insoportables. Un día, mientras trabajaba, me dirigí al baño, me encerré en uno de los compartimientos y lloré amargamente.

"Dios ¿qué estás tratando de hacer conmigo? Ya no soporto esto. ¡Por favor! Tan solo toma mi vida", clamé llorando.

John, un hermano cristiano, entró al compartimiento siguiente. Empezó a cantar una canción cristiana para consolarme. Sabía bien que yo estaba en guerra con Dios.

Finalmente, le dije:

— John, vete. Quiero que me dejes solo.

Salí y John respondió:

— Joe, tienes que ir con tu pastor y contarle lo que te está pasando.

Seguí su consejo y la semana siguiente me reuní con mi pastor en el restaurante Perkins.

— Pastor, tengo una pregunta. ¿Qué se siente cuando Dios llama a una persona al ministerio? ¿Cómo se supone que uno sepa que es Dios el que te llama?

Su respuesta fue exactamente lo que yo necesitaba oír.

— Joe, te he observado durante quince años y sé que el Señor tiene Su mano sobre ti. He estado esperando este momento. De hecho, ya tengo el nombre de tu ministerio: Mission to Amish People (MAP)[8].

Para mí fue una enorme confirmación, pero yo no quería ir a ministrar a los amish. No quería ofenderlos y me preocupaba lo que pudieran hacerme.

Pregunté:

— Así que ¿qué se supone que haga un misionero que ministra a los amish?

Sonrió:

— No te preocupes por esos detalles.

Me animó a que les dijera a los de la iglesia lo que Dios estaba haciendo en mi vida. El 6 de febrero de 2000, de pie al

---

8   N. del T.: Misión al Pueblo Amish.

frente de mi congregación, prediqué el servicio de la mañana
a partir de Romanos 10:1-4:

> Hermanos, el deseo de mi corazón y mi oración a
> Dios por ellos es para su salvación. Porque yo tes-
> tifico a su favor de que tienen celo de Dios, pero no
> conforme a un pleno conocimiento. Pues desco-
> ciendo la justicia de Dios y procurando establecer
> la suya propia, no se sometieron a la justicia de
> Dios. Porque Cristo es el fin de la ley para justicia a
> todo aquel que cree.

— Para su salvación — repetí, sopesando cada palabra mientras
miraba los rostros conocidos de mi congregación —. El deseo
de mi corazón para los amish es para su salvación. — Les hablé
del engaño en que vivían, creyendo en su justicia propia.

Luego pasé a Romanos 9:3: Porque desearía yo mismo ser
anatema, separado de Cristo por amor a mis hermanos, mis
parientes según la carne. Las lágrimas me hacían arder los ojos.

— Si es posible, sería anatema — dije. Con el dedo índice, di
golpecitos en la página. — Ese soy yo. No puedo escapar a eso.
En lo único que pienso día y noche es en mi pueblo. — Tragué
con dificultad, intentando pasar el nudo que tenía en la garganta.

Cerré mi mensaje con Hechos, capítulo 10, y dije:

— Pedro, que era judío, fue a la casa de Cornelio que era
gentil. Y los gentiles también creyeron entonces. Como hombre ex amish que ha servido entre los ingleses durante quince
años, hemos de ir allí, con los amish, con el puro evangelio de
Jesucristo para comunicarles la verdad.

Creía con todo mi corazón que parte de nuestro ministerio tendría que ver con que las iglesias que predican la Biblia
tomaran conciencia de los amish.

Cuando terminé, mi pastor se acercó al podio y dijo:

— Iglesia, quiero que respalden a la familia Keim, porque

irán a otras iglesias como lo hacen otros misioneros y buscarán apoyo para hacerlo a tiempo completo.

Nuestra iglesia nos respaldó y hasta el día de hoy han dado al ministerio decenas de miles de dólares. Casi todos los que se anotaron aquel día siguen dando hoy también, mes a mes. Había invitado a algunos ex amish ese día y vinieron unos cincuenta, de todas partes como Kentucky, Indiana, Tennessee y Ohio. Así es como comenzó el ministerio MAP (Mission to Amish People).

Pocas semanas más tarde, Esther y yo nos reunimos con el pastor John y su esposa Sherry y juntos armamos una presentación del ministerio que podía utilizarse en las iglesias. Comenzábamos compartiendo nuestro testimonio e incluyendo lo que pesaba en nuestro corazón, y lo que creen los amish además de la forma en que iríamos a misionar entre ellos. Seguimos con la misma presentación, o alguna de sus variantes, y hemos hablado en más de quinientas iglesias de los Estados Unidos.

Las iglesias fueron sumándose, una tras otra, y para el 1 de abril de 2001 ya teníamos suficiente dinero prometido e ingresando como para saber que podríamos dedicarnos a la misión a tiempo completo. Dejé mi trabajo en la forja de herramientas y convertí un aula de la escuela dominical de mi iglesia en una oficina para mis tareas. Dedicarnos al ministerio significaba que mi salario se vería reducido a la mitad, pero Esther y yo sabíamos sin duda alguna que estábamos siguiendo el llamado de Dios y veíamos el cambio con fe, haciendo lo que nos tocaba hacer. Esther tenía un empleo a tiempo completo para que pudiéramos tener un seguro, porque mi salario no alcanzaría para cubrir ese gasto.

En los primeros años del ministerio, cuando iba a hablar a las iglesias solía dejar un formulario de evaluación para el pastor. Con esas evaluaciones podían también informarnos si iban a apoyarnos y ayudarnos. Jamás olvidaré la evaluación de uno de los pastores: "Su presentación fue buena, pero podría mejorar su gramática".

Ese tipo de comentarios me dolían. Solo había estudiado hasta el octavo año. La mayoría de los pastores han estudiado al menos cuatro años más después de terminar la escuela secundaria. Durante muchos años, si alguien me preguntaba por mis estudios, respondía con evasivas porque no quería que la gente supiese que no había estudiado.

Sin embargo, en los últimos años mi sentimiento respecto a la falta de estudios universitarios cambió. Dios me recordó que había elegido a pescadores sin estudios como Sus discípulos y en verdad, si me diesen a elegir entre un diploma universitario o el estar lleno y rebosante del Espíritu de Dios, siempre elegiré el Espíritu de Dios en mí. Hay muchos que se sientan en los bancos de nuestras iglesias pensando que necesitan estudiar en la escuela bíblica antes de que Dios pueda usarlos. ¡Están equivocados!

Dios a menudo nos usa más que nada en nuestras debilidades. Muchas veces sentí que me iba a desmayar cuando me pedían que orara al frente de la congregación. Ni en un millón de años habría pensado que Dios me usaría para hablar en tantas iglesias. Dios solo quiere corazones dispuestos que se entreguen plenamente a Él. Y luego Él hará Su obra. ¡Esther y yo somos prueba viva de ello!

> Al ver la confianza de Pedro y de Juan, y dándose cuenta de que eran hombres sin letras y sin preparación, se maravillaban, y reconocían que ellos habían estado con Jesús (Hechos 4:13).

El ministerio ha crecido año a año desde ese 2000 en que le presentamos nuestra visión y corazón a nuestra iglesia. En el primer año de nuestro ministerio a tiempo completo amoblamos un aula de escuela dominical con un escritorio, una computadora y un teléfono. Con el tiempo, ampliamos el espacio incorporando otra de las aulas de la escuela dominical y contratamos una secretaria. Se nos unieron los voluntarios. Sumamos un aula más y hasta nos faltaba espacio. Construimos un edificio detrás, de más de 180 metros cuadrados. Y en 2013 le agregamos 140 metros cuadrados más. Hoy tenemos unas doce computadoras y doce escritorios, seis personas trabajando como personal y cincuenta voluntarios, todos con sus tareas para este ministerio. En el área hay muchas iglesias que nos brindan miles de horas de trabajo. Es maravilloso y a la gente le encanta. Muchos de ellos son retirados y algunos trabajan ocho horas diarias tres días a la semana. Les encanta venir a MAP y servir al Señor. No puedo describir la bendición que significan en Su obra.

Sabía que yo no sería un misionero normal porque la mayoría de los misioneros van y viven con la gente a la que ministran y misionan. Eso no iba a funcionar en nuestro caso con el pueblo al que intentábamos llegar. No todos lo entienden y hay gente que me llama y me dice: "Tenemos grupos que salen a misionar por períodos breves, de dos semanas". Si bien nos gustaría que vinieran grupos a trabajar con nosotros, nuestra misión es completamente diferente.

Capítulo 17

¿Cómo llegamos a ellos, Señor?

C on mucha oración pensamos en diversas formas de llegar a ellos, pero reconocíamos nuestras limitaciones. No podríamos tener un ministerio de radio o TV porque los amish no pueden tener dispositivos electrónicos. Tampoco podíamos hacerlo por medio de Internet. Orábamos y pensábamos mucho en esto, y a Esther se le ocurrió una gran idea que se convirtió en el ministerio más grande que tenemos.

En nuestros primeros pasos con el Señor, Esther y yo recibíamos lecciones de estudio bíblico por correspondencia desde Georgia. Durante varios años estudiamos esas lecciones con nuestros hijos también. Dios nos trajo a la mente ese recuerdo mientras conversábamos sobre cómo llegar a los amish.

— No tienen TV, radio o Internet, pero todos tienen buzones — dijo Esther.

Recogimos las listas postales de los amish y sumaban al menos 50.000 familias. De cada familia elegimos a una persona y les enviamos por correo la lección número uno. Si la persona que había recibido la lección de estudio bíblico completaba las preguntas y las devolvía por correo, entonces evaluábamos sus

respuestas, añadíamos algunas notas personales y le enviába-
mos de vuelta la lección uno junto con la número dos. Desde
que enviáramos nuestras primeras lecciones de estudio bíblico
en 2001 ya hay 35.000 personas inscriptas en el curso. Con el
tiempo, algunos dejaron de participar, pero hubo nuevos ins-
criptos. Hoy tenemos unos 5.000 estudiantes activos.

El Club Bíblico ofrece cuarenta y cinco cursos con materiales dirigidos a todas las edades, desde niños de cinco años
hasta adultos. Los cursos especiales para adolescentes inclu-
yen temas como el amor, las citas y el matrimonio. Además,
ofrecemos diez cursos con contenido más detallado a través de
la Academia Plowman[9]. Cada uno de estos cursos dura hasta
seis meses. En total, hemos visto más de 2.500 decisiones de
salvación que nos han llegado por correo.

Tanto el Club Bíblico como la Academia Plowman son
herramientas de alcance de evangelización y discipulado. Los
materiales explican una y otra vez el plan de salvación de Dios.
La mayoría de los que toman su decisión de salvación son niños
mayores, pero también algunos adultos. Varios de los que han
sido salvos a través del Club Bíblico fueron luego a la universidad para sus estudios de la Biblia.

¿Quién es tu Nínive?

Iva, una joven amish de Indiana, entregó su vida a Cristo tras
completar un curso de estudios bíblicos. Luego sintió el llamado
a inscribirse en la escuela de estudios bíblicos. Cerca del final
de su segundo año oyó un sermón sobre Jonás y su negativa
a ir a Nínive.

Cuando el evangelista terminó su sermón, preguntó:

— ¿Quién es tu Nínive?

Iva sabía en su corazón que su Nínive era su propio pueblo,

---

9   N. del T.; Del inglés Plowman's Academy, un ministerio de cursos por corres-
    pondencia de lecciones bíblicas creado por MAP.

los amish. Esa noche pasó al frente y se entregó al llamado de Dios. Días después encontró nuestro ministerio en Internet y vio entonces que éramos los que le habíamos enviado las lecciones del Club Bíblico. Tras algunas llamadas telefónicas y una reunión cara a cara, Iva se unió a MAP y sirvió con nuestro ministerio durante seis meses. Luego se casó con un misionero ex amish y se mudaron.

Hay otros que fueron salvos a través del Club Bíblico que decidieron quedarse en la cultura amish y que ahora son predicadores en la iglesia. Sin duda, Dios está obrando en nuestro pueblo de un modo que estamos lejos de comprender. Está usando a un ejército de guerreros de la oración, donantes y voluntarios en toda Norteamérica y otros lugares del mundo.

Dios nos había estado preparando a Esther y a mí durante tanto tiempo para este ministerio mientras ayudábamos a los que trataban de dejar a los amish. El primero había sido el joven Harvey, que nos había llamado desde Wisconsin. Quería dejar a los amish y necesitaba un lugar donde quedarse hasta poder establecerse.

— Tengo un boleto de autobús — nos dijo.

Viajó en ese autobús durante más de un día y yo lo esperé en la estación. El autobús se detuvo y en medio del olor de los gases del combustible empezaron a bajar los pasajeros. Pasaban delante de mí y yo esperaba ver a un joven de aspecto amish, pero no lo encontraba. Cuando ya no quedaba nadie en el autobús me pregunté qué le habría sucedido a Harvey. De repente se acercó un muchacho totalmente vestido con ropa de camuflaje y con dos escopetas ocultas en unas mantas. ¡Ese era Harvey! Junto con el poco dinero que llevaba en el bolsillo, las escopetas eran lo único que tenía. Me pregunté cómo habría logrado subir al autobús con las escopetas.

Desde entonces, hemos albergado a más de 150 personas y familias que dejaron a los amish y precisaban refugio inmediato y ayuda para su transición. De esos 150, uno fue mi hermano William. Mis hermanos Johnny y Perry también dejaron a los amish, pero vivieron con otras personas.

En muchas ocasiones nuestro padre nos ha recordado a cada uno que lo más probable era que nuestros matrimonios acabaran en divorcio, y añadía:

— Lo he visto, una y otra vez.

También, en muchas de sus cartas ha señalado que como hermanos eventualmente quedaríamos fuera de la iglesia y que nuestros hijos terminarían sin creer en nada. Como afirmaba estas cosas con tanta seguridad, nos preocupamos pensando si tal vez tendría razón.

Pero también creímos que con ayuda de Dios esas cosas no sucederían. Hoy cada una de nuestras cuatro familias sigue integrando nuestra iglesia local y con participación activa. Por la maravillosa gracia y misericordia de Dios todos nuestros hijos viven para el Señor, en tanto que los mayores sirven en diversos ministerios.

Esto nos ha enseñado varias cosas: (1) Si alguien predice que fracasarás en el futuro, no discutas. No tienes que probarle nada a nadie. Tan solo mantente centrado y sigue andando con el Señor. (2) El hecho de que otros hayan dejado a los amish y fracasaran no determina que yo fracasaré. (3) Nuestros testimonios siempre hablan por sí mismos.

Lecciones por aprender

Una joven llamada Elizabeth llegó a MAP desde una secta Schwartzentruber[10] de Tennessee. Apenas hablaba inglés cuando la acogimos. La ayudamos a conseguir su certificado de nacimiento, su número de seguridad social y un empleo en el lugar donde trabajaba Esther. Elizabeth estaba entusiasmada por su nuevo empleo, impaciente por empezar. Más o menos

---

10   Uno de los subgrupos más grandes y conservadores del Viejo Orden Amish.

a la mitad de su turno, Esther miró y notó que algunos de los empleados reían a escondidas y susurraban algo a espaldas de Elizabeth. Una de esas personas incluso tomó un envase de aerosol y roció la cabeza de Elizabeth sin que ella lo notara, y las risitas seguían. Lo que estos empleados no comprendían era que Elizabeth provenía de una cultura diferente que no permitía el uso de desodorante o afeitarse las piernas y axilas, y que solo se bañaban una vez a la semana. De repente, dos culturas chocaban en el lugar de trabajo y al segundo día la compañía despidió a Elizabeth.

Elizabeth se negó a dejar que ese incidente le impidiese avanzar. Aprendió de su primer empleo y consiguió otro. Decidió estudiar durante dos años para obtener su GED (General Education Development)[11]. En ocasiones quiso abandonar, pero la alentamos siempre a que perseverara y el día en que se graduó celebramos y le dijimos que nos sentíamos muy orgullosos de sus logros. Elizabeth luego estudió en una universidad local y se graduó como enfermera en 2016.

Esther y yo hemos tenido que sentarnos con muchos adultos a lo largo de los años para enseñarles lo más básico de la cultura de los ingleses, como el uso del desodorante, la combinación de colores para la ropa, la depilación de piernas y axilas, el cepillado de dientes, las propinas para los camareros, la operación de aparatos eléctricos en la casa, el cambio diario de ropa. Es un proceso incómodo para todos y muchas veces uno se siente como si fueras el padre o la madre de un niño de cinco años. A algunos hay que enseñarles modales básicos como decir "gracias", sostener la puerta abierta para que pase alguien o el uso del "por favor". A otros hay que enseñarles a no abrir el refrigerador, comer helado directamente de la caja o beber leche del envase, por ejemplo.

---

11   N. del T.: Desarrollo Educativo General, un certificado escolar que sirve como equivalencia del bachillerato.

Sin in más lejos, quiero decir que estas son mayormente cosas que surgen de los que provienen de grupos ultraconservadores. Los amish más liberales saben de higiene y tienen mejores modales. Les cuesta mucho menos la transición a la cultura de los ingleses.

Samuel

En 2012 llegó a nuestro hogar un hombre amish de Indiana que quería que le ayudáramos a hacer la transición. Unos seis meses antes alguien le había dado mi número a Samuel Girod y él decidió guardarlo porque pensó que algún día le vendría bien tenerlo. Una tarde, cerca del anochecer, tomó su teléfono celular prohibido y se ocultó detrás del granero para que nadie lo viera. Tenía treinta años. Me contó más tarde que "temblaba como una hoja al marcar el número telefónico".

No solo estaba usando un teléfono que no podía tener, sino que llamaba a un ex amish que había sido excomulgado de la iglesia. Su padre era obispo, lo cual hacía que para Samuel fuese más importante todavía la obediencia a las reglas de la iglesia.

Hoy, Samuel dice esto:

— Joe, jamás olvidaré esa primera conversación que tuve contigo. Pensaba que me dirías que abandonara a los amish y, en cambio, solo te sentaste allí para escucharme. Fue exactamente lo que necesitaba en ese momento.

Samuel me contó lo que enfrentaba en su comunidad amish suiza. Y cuando terminó de hablar, preguntó:

— ¿Está bien si vuelvo a llamarte?

— Claro que sí, Samuel. Llama cuando quieras.

Pasaron seis meses. Samuel llamaba cada dos o tres semanas. Algunos días quería dejar a los amish, pero a las pocas horas cambiaba de opinión.

Intenté no persuadir a Samuel hacia ninguna decisión. Más bien, me ocupé de su corazón y traté de alentarlo en todo lo posible. A decir verdad, no pensaba que fuese a dejar a los amish. Pero luego volvió a llamar:

— ¡Me voy! ¡Abandono a los amish!

En su voz podía oír determinación, una determinación que yo conocía muy bien por haber pasado personalmente por lo mismo.

— Tengo treinta años y soy copropietario de un negocio de la construcción. Tengo dos propiedades. No tengo esposa y me siento terriblemente mal, angustiado — dijo entonces.

Samuel pertenecía a un grupo amish suizo que no permitía que los miembros se casaran con alguien de afuera de su secta. En el caso de Samuel ya no quedaban suficientes mujeres como para que se casara y formara una familia. Se sentía muy triste y abatido.

— No puedo seguir viviendo de esta manera — aseguró.

El 22 de septiembre de 2012, Samuel lo dejó todo: su negocio, propiedades, familia, cultura y comunidad. Tan solo cerró la puerta, caminó varios kilómetros en la oscuridad para que nadie viera que se iba, tomó un taxi y se presentó en mi casa, en Ohio, el domingo por la mañana con dos bolsos. Durante los dos días siguientes estuvimos en mi oficina, cubriendo pasaje tras pasaje de las Escrituras.

— Samuel, la salvación no proviene de la pertenencia a determinada cultura. No es una lista de cosas que hacer y cosas prohibidas lo que hace que el corazón de un ser humano esté de acuerdo y bien con Dios. La salvación solo la tenemos por la gracia de Dios a través de la fe — le dije. Porque por gracia ustedes han sido salvados por medio de la fe, y esto no procede de ustedes, sino que es don de Dios; no por obras, para que nadie se gloríe (Efesios 2:-8-9).

Jamás lo olvidaré. Todo fue tan precioso. Pasamos dos días seguidos sentados en mi oficina, cubriendo el simple plan de salvación de Dios, cuando de repente el Espíritu Santo de Dios le abrió los oídos sordos y los ojos espirituales a Samuel para que conociese la verdad. Un Samuel antes muerto e ignorante dijo en un grito:

— ¡Ahora lo entiendo!

Fue muy parecido a mi experiencia del 28 de julio de 1985. Cuando Samuel clamó pidiendo la salvación en el nombre del Señor, Dios lo transformó totalmente desde adentro hacia afuera. Se transformó en alguien totalmente diferente. Antes de su transformación sus ojos estaban llenos de tormento y dolor. Cuando Cristo entró en su vida todo eso cambió de inmediato delante de nuestros ojos. Al instante, estuvo lleno de paz.

Ayudamos a Samuel a obtener su licencia de conducir. Compró una camioneta y un teléfono celular y vivió con nosotros durante un tiempo. Poco después conoció a una señorita que había sido amish y había dejado su comunidad, como lo había hecho él. Polly tenía más o menos la misma edad que Samuel y también estaba buscando a un hombre, preferentemente un ex amish que la entendiese. Se casaron a los dos meses. Hoy, Samuel y Polly son misioneros de MAP. Viajan por todo el país, hablando en iglesias y animando a otros ex amish a continuar en la fe.

En 2016, Samuel fue ordenado como predicador por su iglesia, la Hope Baptist de Indiana. Le encanta predicar y continuamente se siente llamado a llegar a su familia y a otros amish que no entienden el verdadero evangelio de Jesucristo.

Contactos infructuosos

Aunque hemos podido ayudar a muchos de los que acudieron a nosotros, no todos los casos tienen un resultado exitoso. Acogimos a un joven que había viajado hasta aquí desde Texas. Mario tenía veintidós años y estaba muy deprimido cuando encontró nuestro ministerio en Internet. Nos comunicamos mayormente por correo electrónico. Su mamá falleció cuando él tenía tres años y poco después su papá se había ido con él de la comunidad amish de Ohio. Por alguna razón, su papá nunca obtuvo el certificado de nacimiento de Mario y con el tiempo la relación entre padre e hijo se fue deteriorando del todo. La primera vez que Mario se comunicó, sonaba desesperado. En uno de sus mensajes por correo electrónico, escribió:

Tendré unos 23 años y medio para cuando consiga mi certificado de nacimiento y apenas estaré empezando la escuela, y luchando por tantas otras cosas que solo me queda llorar al pensar en todo el tiempo perdido. Me siento tan inútil. Siento que no valgo nada. Solo quisiera acostarme en la cama, tapado con las mantas, y desconectar mi cerebro para siempre. Ya no quiero pensar más. Ya quiero decir "basta" porque estoy tan cansado de luchar. Ya no quiero pelear más. TODA mi vida me la he pasado peleando y estoy tan agotado, Joe, que quiero desesperadamente que alguien me abrace para poder llorar y que me diga que todo estará bien, pero no puedo. No me gusta que la gente vea que soy débil y me aterra que sientan lástima por mí; siento que si hago algo como eso la persona me tendrá lástima, por mí y por todas mis dificultades, y no quiero eso. He trabajado y luchado tan duro toda mi vida que no merezco que nadie me tenga lástima. Pero por dentro estoy MURIENDO y lo único que quiero es gritar para siempre.

Por favor, Joe, ora por mí. Me siento tan perdido, tan estresado, siento una oscura tristeza que me invade. Eres una de las pocas personas a las que puedo contarles esto en confianza. Nadie más sabe por lo que estoy pasando, excepto tú. Encontré confianza en ti, como en nadie más. Siento que puedo contártelo todo.

Durante más de un año animé a Mario a que viniera a Ohio para que pudiésemos ir al condado de Holmes para ver si encontrábamos a su familia amish y tal vez conseguir su certificado de nacimiento. Finalmente, en 2012, Mario tenía ahorros suficientes como para pagar el autobús para venir a Mansfield, Ohio. De inmediato nos sentamos en el auto, fuimos al condado de Holmes y empezamos a buscar a su familia. Como no sabíamos a qué secta amish pertenecían, buscamos en las del Nuevo Orden, el Viejo Orden y en las Schwartzenstruber. Nadie sabía de Mario ni de su familia. Ni una sola persona amish pudo ayudar y Mario quedó todavía más devastado que antes.

Una noche, cuando estábamos en la heladería Dairy Queen de Ashland en Ohio, Mario irrumpió en llanto. Lloró tan amargamente que sus hombros y su cabeza temblaban. Honestamente, yo no sabía qué hacer y me sentí impotente.

Finalmente Mario me miró y exclamó:

— A los ojos del mundo, yo no existo. Soy un nadie.

Mario volvió a Texas sin su certificado de nacimiento.

Todas las semanas recibimos llamados y mensajes de correo electrónico de los que han abandonado comunidades amish y necesitan certificados de nacimiento, documentos de identidad con fotos y números de seguridad social. Las historias son todas tan conocidas: "Intenté conseguir mi certificado de nacimiento, pero me piden un documento de identidad con foto. Entonces intenté conseguir un documento con foto, pero para eso piden un certificado de nacimiento y un número de seguridad social. Cuando fui a la oficina de seguridad social me informaron que antes necesito un documento con foto y un certificado de nacimiento".

En algunos casos la situación se prolonga durante varios años, involucrando reuniones con abogados y jueces y gastos de miles de dólares. Como ministerio, hemos establecido contacto con el representante y congresista de nuestro estado para pedir ayuda. La mayoría de las veces no pueden ayudarnos. Son situaciones muy tristes y en ocasiones hay gente que se quiebra, como le sucedió a Mario, y lloran. Son ciudadanos estadounidenses de toda la vida, buenos ciudadanos, pero no pueden obtener una licencia de conducir, ni abrir cuentas de banco o conseguir un empleo hasta tener su número de seguridad social.

Los padres de estos ex amish que buscan sus certificados de nacimiento y números de seguridad social a menudo se niegan a brindar ayuda o información. Tienen la esperanza de que su hijo o hija no logre salir adelante en la cultura de los ingleses y que las circunstancias le obliguen a volver a la comunidad amish.

Capítulo 18

La iglesia ex amish

Un día llegó a la casa de Sam Schwartz un veterinario, que no era amish, para ver a un caballo que estaba enfermo. El veterinario era cristiano y le hizo preguntas a Sam que eventualmente le llevaron a poner su fe en Jesucristo. Como Sam y su familia vivían a solo cuarenta y cinco minutos de nuestra casa, fui a visitarlos. Pronto pude ver que Sam, Laura y sus cuatro hijos pequeños iban a dejar la iglesia amish. Sam obtuvo su licencia de conducir y compró un auto.

No solo me interesaba ayudarles con sus necesidades físicas, sino que además quería asistirlo en las espirituales. Un sábado por la tarde llamé a Sam y le pregunté:

— ¿A qué iglesia irás mañana?

— Estaba pensando en conducir por el camino de entrada a nuestra casa, y si Dios me indica que gire a la izquierda, eso haré. Y si me indica que vaya a la derecha, haré eso también — contestó.

— Sam — dije entonces —, hay tantas iglesias.

Y como sabía de la importancia de un sólido fundamento cristiano, añadí:

— ¿Te importaría que Esther y yo fuéramos a tu casa por la mañana? Podemos hacer un servicio allí mismo.

— Eso me encantaría — dijo Sam sin dudarlo.

Empezamos a reunirnos cada domingo. Al poco tiempo ya se habían sumado más personas. Algunos eran vecinos no amish y otros eran amish y asistían a la iglesia amish, pero en secreto pasaban y participaban de nuestros estudios bíblicos. Con el tiempo, parte de la familia de Sam fue salva, incluyendo a su padre, Levi. Decidimos mudar el estudio bíblico de los domingos por la mañana a la casa de Levi. Y cuando ya éramos tantos que el lugar no alcanzaba para todos, pasamos a reunirnos en la tienda de Levi, donde las grietas del suelo estaban cubiertas con cinta adhesiva y una vieja estufa a leña mantenía el calor del lugar. Ese primer año muchos fueron salvos y se bautizaron unas cuarenta personas. Venía gente de todas partes.

Nuestra congregación era muy colorida, con gente de toda clase. Algunos venían desde Columbus, Ohio, y tenían aros en la nariz, en la lengua y tatuajes en todo el cuerpo. Otros venían de alguna comunidad amish que habían dejado, pero seguían vistiendo sus ropas sencillas. A mí no me importaba su aspecto ni de dónde vinieran. Me entusiasmaba que Dios me hubiese escogido para predicar el evangelio y ser su pastor. Fueron épocas verdaderamente llenas de entusiasmo.

Cuando se fue corriendo la voz acerca de los amish que habían dejado su iglesia, hubo diversas denominaciones no amish que se ofrecieron para liderar los estudios bíblicos, casi siempre durante los días de semana en que yo no estaba en el lugar. No todos esos "estudios bíblicos" se centraban en la verdad. Teníamos Testigos de Jehová, gente de la Iglesia de Cristo, mormones, bautistas, carismáticos y otros más. También había grupos ultraconservadores que querían obligar a todos a llevar cubierta la cabeza y que las mujeres vistieran largas faldas o vestidos. Todo se hacía cada vez más confuso. La gente preguntaba qué estaba bien y qué estaba mal. Me sentía responsable de su protección y solo quería lo mejor para la iglesia. Muchas veces me he quedado despierto en la cama, orando, pidiendo sabiduría y que la mano protectora de Dios nos cubriera. Porque Dios no es Dios de confusión, sino de paz, como en todas las iglesias de los santos (1 Corintios 14:33).

Se hizo evidente que algunos de los ex amish querían irse para probar otras iglesias. Fue muy doloroso para mí ver que se fueran, pero cuando empezamos a tener problemas en mi matrimonio y la vida de familia, supe que tenía que poner las cosas en manos de Dios y seguir adelante. Había albergado la esperanza de establecer un liderazgo en la iglesia, pero cometí el error de tratar de juntar una declaración de doctrina y reglas de la iglesia, lo cual se veía demasiado parecido a la carta de ordenanzas de los amish con demasiada estructura.

Eso me recordó a los judíos y gentiles que ponían su fe en Jesucristo en tiempos de la iglesia primitiva. Los judíos provenían de un trasfondo legalista muy largo, en tanto que los gentiles venían de historias de adoración a ídolos y vida disoluta. De repente, dos grupos completamente opuestos se hallaban asistiendo a la misma iglesia. En el libro de los Efesios, el apóstol Pablo explica que Dios unió a judíos y gentiles a través de Cristo. Podría decirse lo mismo de los creyentes amish y los ingleses.

Porque Él mismo es nuestra paz, y de ambos pueblos hizo uno, derribando la pared intermedia de separación, poniendo fin a la enemistad en Su carne, la ley de los mandamientos expresados en ordenanzas, para crear en Él mismo de los dos un nuevo hombre, estableciendo así la paz, y para reconciliar con Dios a los dos en un cuerpo por medio de la cruz, habiendo dado muerte en ella a la enemistad (Efesios 2:14-16).

A menudo, entender el libro de Efesios me ha ayudado a ver las cosas a través de una lente que me indica que puede ser saludable que dos pueblos se unan. Lo que no es saludable es la separación, por lo que no recomiendo iniciar una iglesia de ex amish porque la gente trae todo su dolor, todas sus frustraciones. Y lo que precisan es que haya creyentes de la sociedad inglesa o no amish, gente buena, que crea en la Biblia y les ayude en sus angustias y dificultades.

Cuando empecé con este ministerio, pensaba: "Vamos a traer a una tonelada de ex Amish a mi iglesia". Y, en cambio, encuentro que un noventa por ciento de ellos empieza en nuestra iglesia y termina yendo a otras. Como resultado, están en toda clase de iglesias en el área en que vivimos. Al principio me sentía rechazado porque pensaba que adoraríamos juntos a Dios, pero no es eso lo que Él quiere. Sí, Señor, estos ex amish necesitan ir a otras iglesias y, de ese modo, tendrán influencia positiva los unos para con los otros.

> Porque no hay distinción entre judío y griego, pues el mismo Señor es Señor de todos, abundando en riquezas para todos los que le invocan; porque: "Todo aquel que invoque el nombre del Señor será salvo" (Romanos 10:12-13).

Capítulo 19

El alcance de MAP

Durante los últimos treinta años Esther y yo hemos acogido a personas y familias que dejaron a los amish. A veces fueron casos ubicados mediante orden judicial. A pesar de los desafíos que hubo en el camino, siempre disfrutamos de esta parte del ministerio. Es de gran gozo ayudar a jóvenes adultos a salir adelante.

Hemos llorado, sufrido y reído juntos. Hemos pasado muchas noches sin dormir, orando desde el corazón para que Dios se moviera en las vidas y corazones de las personas. Hemos tenido que lidiar con el alcohol, las drogas, el sexo, los insultos, la rebeldía y la ley. Hemos tenido que lidiar con padres enojados con nosotros por haber albergado a un hijo o una hija ya adultos. Ha habido quien nos robó dinero y pertenencias, otros invitaron a gente extraña a nuestra casa o se burlaron de nosotros al hablar con los demás. A lo largo de estos treinta años, sin embargo, hemos sido testigos del poder y la transformación que obra la mano de Dios y vimos a muchos jóvenes que han sido salvos, que siguieron al Señor en el bautismo y se unieron a alguna iglesia local donde hoy sirven a Dios y a su prójimo.

Ahora que llegamos a cumplir cincuenta años los dos, tanto Esther como yo estamos preparados para ampliar el alcance de la misión e invitar a otros a que participen de este ministerio de reubicación de personas que dejan sus comunidades amish. Avanzamos con entusiasmo, con un ministerio de vivienda y consejería que llamamos New Beginnings[12].

Ha habido padres amish desilusionados que nos culparon por sacar a sus hijos de la comunidad amish, pero jamás hemos hecho algo así con nadie en forma personal. Si llegan a la puerta de nuestra casa, los ayudamos en todo lo posible. No hay diferencia si la persona es amish o ex amish, porque solamente la cultura y las preferencias personales dividen a esos dos grupos.

Cuando yo era chico y amish, quería escribir en el *Amish Budget* o en alguna de las otras publicaciones de los amish. Y en 2007 mi deseo se hizo realidad. Con algo de ayuda de una iglesia de Shinglehouse, Pensilvania, enviamos por correo nuestras primeras 2.500 copias del *Amish Voice*[13] a distintas colonias de Ohio. Desde entonces, nunca dejamos de enviarlas. La publicación de dieciséis páginas hoy llega a 8.000 hogares amish cada dos meses. Las personas e iglesias que en su corazón tienen a los amish y su bienestar espiritual son quienes pagan la impresión y envío.

El propósito de *Amish Voice* no es en modo alguno el tratar de alejar a la gente de la cultura amish, ni se utiliza como arma para señalar las falsas enseñanzas. Nuestro principal deseo y meta es compartir el evangelio de Jesucristo, alentar, desafiar y enseñar espiritualmente a nuestro pueblo.

En cada hogar hay varias Biblias, más El espejo de los mártires, un libro de oraciones y un himnario. Los cuatro libros están escritos en alemán antiguo. Y, lamentablemente, el alemán es el que menos entienden de los tres idiomas que hablan, por lo

---

12   N. del T.: Nuevos Comienzos.
13   N. del T.: La Voz de los amish

que a muchos les cuesta entender lo que leen. En cambio, ponen su confianza en los líderes de sus iglesias, en sus tradiciones, legado y cultura, para prepararse para la eternidad.

En 2015, una pareja amish del Viejo Orden, originaria del norte de Indiana, escribió una carta y la distribuyó a los ministros del área. Creo que habla en representación de los muchos que están buscando la verdad, o que ya han abierto sus ojos a la salvación.

Les escribimos hoy en referencia a un problema que hay en nuestras iglesias amish. Tras orar y sentir la guía de Dios en este asunto sentimos que tenemos que sacarlo a la luz.

Se trata del uso del idioma alemán en nuestras iglesias hoy. Sabemos que esta tradición (algunos lo llamarían legado) ha pasado de generación en generación desde el tiempo de nuestros ancestros, pero ¿qué hay del hecho de que la mayoría de la gente de nuestro pueblo ya no entiende este idioma? Ya no usamos esta lengua en ninguna parte, excepto en la iglesia.

Nuestro idioma principal es el holandés de Pensilvania, o el neerlandés, pero antes de ir a la escuela tenemos que aprender inglés y necesitamos hablarlo si hemos de conseguir un empleo o comunicarnos con el mundo que nos rodea. ¿Por qué, entonces, nos aferramos los domingos a esta tradición del uso del alemán? La mayoría de nosotros sabe leer este idioma por haber asistido a la escuela amish o a la Deitsh, pero lo triste es que no sabemos lo que significan las palabras. Es una pena sentarnos en la iglesia el domingo sintiendo la necesidad de alabar a Dios con canciones, pero sin saber lo que significa lo que cantamos (tenemos nuestro libro de "Esperanza del legado y la fe" y nuestro himnario, y todo eso estaría bien, pero no podemos llevarlos a la iglesia cuando vamos).

Hoy, muchos predicadores se esfuerzan por explicarnos estas Escrituras en nuestro idioma de todos los días (aunque hay muchos que no lo hacen), pero sentimos que no alcanza: ¡nuestros niños y jóvenes adultos no entienden casi nada! ¿Y nos preguntamos por qué son tantos los que deciden no seguir siendo amish?

Veamos lo que dice Dios:

1 Corintios 14:18-19: "Doy gracias a Dios porque hablo en lenguas más que todos ustedes. Sin embargo, en la iglesia prefiero hablar cinco palabras con mi entendimiento, para instruir también a otros, antes que diez mil palabras en lenguas".

Marcos 7:6-8: "Jesús les respondió: Bien profetizó Isaías de ustedes, hipócritas, como está escrito: Este pueblo con los labios me honra, pero su corazón está muy lejos de Mí. Mas en vano me rinden culto, enseñando como doctrinas preceptos de hombres. Dejando el mandamiento de Dios, ustedes se aferran a la tradición de los hombres".

Apocalipsis 3:15-16: "Yo conozco tus obras, que ni eres frío ni caliente. ¡Ojalá fueras frío o caliente! Así, puesto que eres tibio, y no frío ni caliente, te vomitaré de Mi boca".

Preguntamos entonces: si nuestras iglesias no fueran tibias ¿no nos contentaríamos con sentarnos y cantar canciones cuya letra no entendemos? ¿Nos contentaríamos con predicar la Buena Nueva de Jesús en un idioma que la mayoría de nosotros no entiende? Comprendemos que nuestro legado amish tiene muchas tradiciones a las que vale la pena aferrarse y agradecemos esas cosas. Pero tenemos que preguntarnos si vale la pena que nuestras tradiciones impidan que la gente oiga y entienda el evangelio de Jesús. Temo que nuestros niños son los que pagan el precio.

Unas palabras de aliento:

Filipenses 1:9-11: "Y esto pido en oración: que el amor de ustedes abunde aún más y más en conocimiento verdadero y en todo discernimiento, a fin de que escojan lo mejor, para que sean puros e irreprensibles para el día de Cristo; llenos del fruto de justicia que es por medio de Jesucristo, para la gloria y alabanza de Dios".

En conclusión, por temor a que nos cataloguen como algo que no somos, aclaramos que no formamos parte de Revive[14] Indiana ni de ningún grupo de estudios bíblicos u organizaciones de ninguna clase. Somos simplemente una pareja amish del Viejo Orden, preocupados por nuestra iglesia.

Por favor, oren y busquen la voluntad de Dios sobre este asunto.

Saludos cordiales.

Un hermano y una hermana, preocupados.

Hemos decidido no dar nuestros nombres por temor a que nos rechacen en nuestro pueblo por decir con valentía lo que Dios ha puesto en nuestros corazones.

* * * *

---

14   Revive es un ministerio cristiano evangelizador con sedes en todo el país.

La Amish Voice Conference Line[15] es un ministerio telefónico que acepta llamadas en conferencia de hasta mil personas. Los temas son variados: desde doctrinas de la Biblia a asuntos de familia, matrimonio y testimonios. Quienes lideran estas conversaciones son consejeros y escritores bien conocidos y populares. Grabamos las conversaciones y las subimos a un servidor telefónico para que los amish puedan seguir llamando y escuchando más tarde.

El ministerio Sermons by Phone[16] funciona de manera similar. Cada mes, cargamos digitalmente seis nuevos sermones para que quienes llaman por teléfono puedan escucharlos. Se les alienta a dejar un mensaje y un número de teléfono. Hay publicidad continua de ambos ministerios en Amish Voice.

Algunos amish mandan a sus hijos a las escuelas públicas por diversas razones. Es una práctica más común en comunidades como las del condado de Holmes, Ohio y el norte de Indiana. Unos pocos amish enseñan a sus hijos en casa. Pero la gran mayoría de los amish envían a sus hijos a la escuela de aula única, derecho que ganaron después de muchos conflictos en la década de 1930. La cuestión llegó a la Corte Suprema, que en la histórica decisión del caso Wisconsin vs Yoder (1972) les otorgó a los amish y a otras minorías religiosas el derecho a retirar a sus hijos de la escuela después del octavo año o a los catorce años de edad, lo que ocurra primero.

Estudiar hasta el octavo grado funciona bien para quienes deciden quedarse en la cultura amish. Pero si uno decide irse para vivir en la cultura norteamericana, enfrenta muchas desventajas a menos que siga estudiando. Por eso MAP también ofrece programas de educación secundaria, locales y a distancia.

Menos del 50 por ciento se inscribe en un programa de educación secundaria. En la mayoría de los casos no ven el valor que

---

15 N. del T.: Línea en Conferencia de la Voz de los amish.
16 N. del T.: Sermones por Teléfono.

tiene la educación y prefieren trabajar en el sector de la construcción, donde no hace falta haber terminado la escuela secundaria. Y unos pocos, casi todas mujeres, han decidido estudiar después de la escuela secundaria asistiendo a una institución educativa para ser enfermeras o maestras. Algunos terminan la escuela secundaria para poder enseñar en casa a sus hijos o para ser bomberos voluntarios, o asegurar un puesto con mejor paga en una fábrica, obtener su licencia de piloto y cantidad de otras razones.

En 2013, un pastor amigo mío llamó para proponer una conferencia para los que quisieran saber más sobre la cultura y las creencias amish.

Me dijo:

— Joe, Dios ya me ha dado el nombre: Conferencia de Conocimiento de los Amish.

Poco después realizamos nuestra primera Conferencia de Conocimiento de los Amish en Savannah, Ohio. Viajaron unos ciento cincuenta personas desde diez estados para asistir y se enteraron las estaciones de radio importantes como VCY America, Family Radio y Moody Radio. Además, los periódicos locales se enteraron del evento y pidieron entrevistas, lo cual nos llevó a dar más conferencias en otros estados.

Cada conferencia de dos o tres días tiene como propósito ayudar a los que no son amish y a los que son ex amish a encontrar mejores formas de relacionarse, evangelizar y discipular a personas amish que viven cerca y son vecinos nuestros. Uno de los mejores momentos es cuando se inician conversaciones por paneles, para que los ex amish y las personas inglesas puedan aprender los unos de los otros.

En lo personal, me gustan las conferencias porque les brindan a los ex amish que no han estudiado tanto la plataforma para estar frente a otros, compartir sus testimonios y predicar. Hasta hoy no ha habido eventos en que no haya alguien que se comprometa a unirse a un ministerio.

La naturaleza y corazón de cada Conferencia de Conocimiento de los Amish se presenta en mi libro de ciento cuarenta páginas, *Amish: Our Friends, But Are They Believers?*[17] El Apéndice D muestra más detalles sobre la conferencia.

Desde el día en que Dios me llamó a este ministerio me he maravillado ante las puertas que abre Él. Hablamos en iglesias unos treinta fines de semana cada año, además de hablar con personal de hospitales, de las fuerzas de seguridad y universidades. Por lo general hablamos con el mundo exterior porque son ellos los que quieren saber cómo comunicarse con los amish. Muchas veces los médicos, enfermeros y personal de salud preguntan por qué las iglesias amish no permiten que sus miembros tengan seguro médico, o por qué se niegan a ser transportados por aire en caso de emergencia. Les explico que muchos creen que Satanás vive y gobierna en el espacio que hay entre la tierra y el cielo. Se basan en Efesios 2:2, que dice: ...conforme al príncipe de la potestad del aire, el espíritu que ahora opera en los hijos de desobediencia. Es por eso que no quieren entrar en el reino de Satanás.

Estando en el hospital, hay mujeres amish que se niegan a descubrir sus cabezas. A veces los médicos no pueden dar el alta a sus pacientes amish cuando corresponde porque su secta les prohíbe tener los baños dentro de la casa, lo cual significa que solo podrán dejar el hospital cuando puedan levantarse y caminar hasta el baño que está afuera.

No a todos les gusta el ministerio MAP. Nos han amenazado físicamente y en tres ocasiones distintas se presentaron personas no amish como abogados amenazando con denunciarnos. Una persona del estado de Nueva York que afirmaba ser abogado creó un sitio web. Su objetivo era que la gente se pusiera en contra de nosotros y que cerráramos el ministerio.

---

17   N. del T.: Sin versión en español, pero que pudiera traducirse como *Los amish: nuestros amigos, pero ¿son creyentes?*

En otras ocasiones hubo gente que se ponía de pie en medio de nuestras presentaciones en iglesias y argumentaban que estábamos atacando a los amish, preguntándose por qué su pastor nos permitía entrar.

Una vez, un hombre nos interrumpió diciendo:

— Los amish tal vez no sean nacidos de nuevo, pero al menos son cristianos.

He aprendido que la mejor manera de lidiar con estas situaciones es centrarnos en la cultura amish. La mayoría de los libros y documentales que están disponibles nos presentan su cultura, que es lo que tanto nos gusta sobre los amish. Pero luego prosigo con mi presentación diciendo que tenemos que separar su fascinante y hermosa cultura de sus creencias religiosas.

Hoy MAP se prepara para construir un mercado mayorista de comestibles de casi 600 m^2 llamado Beyond Measure Market[18]. Estará ubicado al lado de las oficinas de MAP y los ministerios de vivienda y consejería de New Beginnings. Este mercado mayorista servirá como lugar donde las jóvenes adquieran experiencia en ventas y trato al cliente mientras vivan en New Beginnings, esperando sus registros de nacimiento, números de seguridad social y certificados de educación secundaria. El mercado también servirá para que podamos pagar los gastos de vivienda y consejería.

Esperamos tener nuestra propia escuela de estudios bíblicos para que los jóvenes adultos alcancen un mayor entendimiento de la obra y ministerio de Dios. Con un poco de ayuda y la capacitación adecuada habrá más gente de mi pueblo que podría entrar en el ministerio para que Dios les use. La escuela de estudios bíblicos solo ofrecerá capacitación bíblica y oportunidades de ministerio de primera mano. El objetivo es que pasen la misma cantidad de tiempo en la práctica del ministerio y en las aulas. Este enorme proyecto requerirá de mucho apoyo de oración y financiamiento de cantidad de gente.

---

18 N. del T.: Mercado más que abundante (1 Timoteo 1:14).

Dios está usando a MAP no solo para llegar a los amish, sino también para enseñar cosas a los que no son amish. MAP ha estado en canales televisivos, en ABC, PBS (American Experience), History Channel (Seven Deadly Sins) y National Geographic (la serie Amish Out of Order). El ministerio MAP ha estado en muchas estaciones de radio, así como en artículos de revistas, novelas y libros de texto escolares.

A veces siento el distante rumor y despertar de otro gran reavivamiento que está llegando a los Estados Unidos. Y cuando llegue, este reavivamiento vendrá desde dentro de las comunidades anabaptistas. Tienen más celo que cualquier otra cultura que yo conozca. El mundo tiene sus ojos puestos en los amish y hay muchos que sienten asombro y maravilla.

Capítulo 20

Problemas con la autoridad

Sigo yendo todo lo posible a nuestra iglesia de origen, donde mi hermano Johnny enseña en una clase de escuela dominical para ex amish y tenemos estudios bíblicos semanales y reuniones de oración en nuestra casa. Durante el verano tenemos noches de adoración y organizamos juegos para darles a los jóvenes cosas que hacer que les ayuden a alejarse de las drogas y el alcohol. Mis hermanos William y Perry son propietarios de negocios de construcción y les han dado empleos a muchos jóvenes. Pero algunos ex amish han tenido que aprender lecciones de manera muy dura, y con algún tiempo en la cárcel. También he visto a algunos que viven de la seguridad social. Supongo que es como en cualquier otra cultura, donde se ve de todo.

Lamentablemente, hay muchos ex amish que tienen problemas con la autoridad. No dudo que gran parte de sus problemas son causados por sentirse obligados a vivir con reglas que no tienen sentido. La verdad es que muchas familias son numerosas y la vida siempre es ajetreada. Si le sumas a esto la cantidad de reglas humanas que carecen de afecto y la falta de capacitación adecuada, verás que muchos hijos se rebelan contra sus padres y contra cualquier otra autoridad.

También, en su mayor parte estos jóvenes que vienen de la cultura amish han aprendido a verse como por encima de la ley, y eso hace que muchos se rebelen contra la autoridad policial. No hace falta demasiado para ver que no sirve rebelarse contra los policías y jueces.

Un joven, que por segunda vez vivía con nosotros, acabó golpeado una noche y con muchas heridas al ser arrastrado por el pavimento cuando trató de escapar de un patrullero policial en una autopista muy transitada de seis carriles en Columbus, Ohio. Sus pómulos y su rostro estaban tan lastimados que informé de ello al departamento de nuestro comisario local y vinieron a verlo. Le dijeron con toda claridad:

— ¡Jamás escapes de la policía y nunca te bajes de tu auto!

Hoy, este mismo hombre vive en nuestro hogar con una pulsera electrónica GPS en el tobillo. Lo atraparon por tener encima un arma cargada y drogas en su auto. Él y yo nos reunimos una vez a la semana para trabajar en sus finanzas y hacer un estudio bíblico. Creo que saldrá adelante y logrará ponerse en pie, pero como tantos otros tuvo que acabar en la cárcel algunas veces y gastar miles de dólares innecesariamente para pagar a los abogados, los costos de tribunales y multas antes de finalmente empezar a ver lo que tenía que hacer.

Me he reunido con nuestro juez local y numerosos abogados a puertas cerradas y la policía ha venido a mi casa preguntando desesperadamente:

— ¿Cómo podemos ayudarlos? Son muy rebeldes.

Mi única respuesta es:

— No hay mucho que puedan hacer más que dejar que aprendan por las malas.

Jamás olvidaré la ocasión en que cinco muchachos se enojaron mucho conmigo. Me enviaban mensajes de texto amenazantes y en Facebook posteaban todo tipo de falsas acusaciones contra mí y el ministerio. Un día llamé por teléfono a uno de estos muchachos y le dije:

— Vamos a reunirnos, y a resolver esto como hombres. Busca a los otros cuatro y nos vemos en tu casa.

Entré y encontré que en un rincón de la sala tenían pilas y pilas de latas de cerveza vacías. Los muchachos se mostraban altaneros, dispuestos a "ponerme en mi lugar".

Les dije:

— Antes de empezar, permítanme orar pidiendo a Dios que nos guíe.

Mientras oraba podía oír sus burlas en susurros. Y luego, uno tras otro, empezaron a hablar de lo que les parecía que yo hacía mal. En un momento Bill se puso de pie y subió las escaleras. Al volver, puso delante de mí un revólver cargado. Me negué a reaccionar.

La mayor parte de lo que salía de estos cinco chicos era dolor y enojo con el pasado. No tomé sus acusaciones como algo personal e intenté del mejor modo entenderlos y responder en amor. Finalmente, todos nos sentimos mejor y volví a casa agradeciendo a Dios por poder servirle a Él y a esos pocos chicos que probablemente maduren y se conviertan en buenos ciudadanos de nuestro gran país.

Tenemos en la planta baja de nuestra casa un espacio que se ha convertido en un apartamento de tres dormitorios. Hace varios años, Malinda llegó a nuestro ministerio desde otro estado, pero al poco tiempo la atraparon robando en el Walmart local y acabó en la cárcel durante un tiempo. Luego nos enteramos de que Malinda escondía a un hombre mexicano en el apartamento. Tanto los mexicanos como los ex amish se sienten forasteros en la cultura estadounidense y por eso parece que conectan bien y se atraen los unos a los otros. Una noche, yo estaba seguro de que el mexicano se había colado de nuevo en nuestro apartamento y empujé un sofá contra la puerta que separaba nuestro espacio del apartamento. Cuando supe que el hombre estaba allí y vi que Malinda no cumplía con el acuerdo de vivienda firmado con nosotros, llamé a la policía, y tanto Malinda como el mexicano tuvieron que irse.

Antes de dejar a los amish, Malinda había escrito esto:

En esta vida de dificultades y sufrimientos, tengo que preguntarme dónde estará Dios. Sin Dios la vida es imposible, pero con Él es difícil. Satanás intenta hacer que la vida se vea insoportable. La oscuridad entra en mi vida como ladrón en la noche, robándome la luz de mi vida. Orar es en vano.

Dondequiera que acuda, hay oscuridad. Absolutamente no hay luz.

Lloro pidiendo misericordia pero, lo que oigo es: "Eres una pecadora destinada al infierno y no vales nada ni mereces vivir. Te tengo donde quiero, en el pozo de las tinieblas, y lo siguiente es el infierno".

No hay salida, o si la hay yo no logro verla. No hay luz. Oh, Dios, ten misericordia de mí.

— Oh, pero no te oye — dice Satanás.

La vida es dura y seguirá siéndolo. Estoy rota por dentro, pero nadie lo ve.

El dolor me endurece por dentro, en especial cuando a nadie le importa. Quiero dejarlo todo, pero no sé cómo.

Todos mis días, jamás me sentí amada. Me sentí como un trapo, todo gastado, deshilachado.

Tras mucho debate llego a la decisión y el dolor me come viva. No vale la pena vivir.

El infierno no puede ser peor, oigo en mi mente. Que Dios me perdone, pero ya es demasiado tarde.

Con el dedo en el gatillo, presiono, cierro los ojos, y grito de nuevo:

— Dios, por favor, ¡no permitas que haga esto!

Contengo la respiración por unos segundos y se me aflojan los brazos:

— Gracias, Señor — dije.

En otra situación, dos chicas invitaron en secreto a un hombre a que se quedara con ellas en nuestro apartamento. El hombre acababa de salir de la prisión y necesitaba un lugar donde vivir. Tras ocultarse en nuestro apartamento durante dos semanas, su madre nos llamó un día y dijo:

— ¿Saben que mi hijo está viviendo en su casa? Tiene una esposa y dos hijos, y debe volver con ellos.

Lo mencioné antes, pero vale la pena repetirlo. Sé que parte de lo que cuento en este libro ofenderá a algunos amish y ex amish, y por eso quiero dejar algo en claro. Según la Universidad del Estado de Ohio hay unas cuarenta subculturas amish diferentes. Muchos de los que acuden a nosotros son de sectas más conservadoras. Los amish más liberales, de mentes más abiertas, suelen tener sus números de seguridad social y mejores hábitos de higiene, y les resulta más fácil la transición a la cultura de los ingleses. También son menos rebeldes, tienen mejores modales y no caen en el uso de las drogas y el alcohol con la misma frecuencia. Esto demuestra una vez más que las reglas humanas y el legalismo no funcionan, y que no convierten en cristianas a las personas. Porque la letra [la ley] mata, pero el Espíritu da vida (2 Corintios 3:6).

Este versículo simplemente señala que la letra (el viejo pacto) era una lista de palabras escritas, un documento escrito, un conjunto de leyes que Dios requería que siguiera y obedeciera Su pueblo. Considera que la ley era externa. Que estaba allí afuera del hombre, como vestimenta, y que insistía en que el hombre se rindiera ante la regla y la obedeciera.

¿Funcionó? ¡No! Por eso Dios nos trajo un pacto nuevo y mejor (Hebreos 8:6). La ley, bajo el viejo pacto, constantemente señalaba con el dedo a la gente gritando "¡culpable, culpable, culpable!". La culpa trae condenación, y la condenación da como resultado depresión y rebeldía contra la autoridad.

El nuevo pacto es completamente diferente. Es interno, dentro del hombre, una relación personal con Dios y creada por Dios mismo. Cuando la persona nace de nuevo Dios pone Su Espíritu en el corazón de la persona y la persona está llena del Espíritu, y es guiada por el Espíritu. Porque la ley fue dada por medio de Moisés; *la gracia y la verdad* fueron hechas realidad por medio de Jesucristo (Juan 1:17, énfasis añadido por el autor).

Cuando Jesús predicaba en Judea y Samaria le dijo a la mujer junto al pozo: Pero la hora viene, y ahora es, cuando los verdaderos adoradores adorarán al Padre *en espíritu y en verdad*; porque ciertamente a los tales el Padre busca que lo adoren. Dios es espíritu, y los que lo adoran deben adorar *en espíritu y en verdad* (Juan 4:23-24, énfasis añadido por el autor).

En nuestro ministerio hemos ayudado a muchos hijos e hijas que han pasado por muchas de las cosas por las que yo pasé. En la mayoría de los casos, padres e hijos perdieron su conexión cuando los hijos eran pequeños, y duele cuando los padres niegan su responsabilidad y acusan a nuestro ministerio y a otros por alejar a sus hijos de ellos. En comparación con la cultura de los ingleses, los padres amish a menudo carecen de los recursos y ayuda que nosotros damos por sentados. Hace un siglo su estilo de crianza tal vez funcionaría, pero los tiempos han cambiado y seguirán cambiando.

Cuando Esther y yo formábamos nuestra familia aprendimos

algo de James Dobson[19] que nos ayudó como padres. Él decía que a medida que nuestros hijos maduran van queriendo naturalmente apartarse de nosotros, que naturalmente queremos seguir aferrados a ellos. Si les permitimos apartarse madurarán para ser los adultos que Dios quiere que sean. Colosenses 3:21 dice: Padres, no exasperen a sus hijos, para que no se desalienten. Los padres y madres tenemos que ser cuidadosos en este aspecto. Hay dos cosas que exasperan o provocan a los hijos:

1. No aceptar el hecho de que las cosas cambian. Cambian los tiempos y las generaciones. Los padres necesitan estar atentos a los cambios entre las generaciones y permitir que sus hijos formen parte de su propia generación en lugar de tratar de conformar al hijo según la generación de la infancia de los padres.

2. Controlar exageradamente a los hijos también provoca enojo en ellos. El control exagerado va desde la restricción severa y la disciplina al abuso, que acabará por ahogar el crecimiento del hijo o causará que reaccione y se rebele.

La cuestión es la siguiente: tiene que haber un equilibrio entre la vida de familia y la vida de comunidad del hijo. Se le tiene que permitir al hijo hacer lo suyo a veces, y otras veces tendrá que hacer cosas con la familia. A medida que crezca habrá que permitir que se separe más y más para prepararle para el momento en que salga al mundo.

En la mayoría de las familias amish, el padre no tiene mucho tiempo para dedicar a sus hijos, así que, a menudo, en lugar de amarlos y ocuparse de ellos, los disciplina y los obliga a volver al molde para mantenerles allí. Eso hace que el hijo se vuelva contra el padre, y cuanto más se vuelva el hijo contra esta vida rígida, tanto más intenta el padre obligarle a quedarse en el molde, lo cual lleva a más problemas.

---

19 Psicólogo estadounidense, autor de varios libros sobre la crianza cristiana.

En mi caso, me fui para encontrar a alguien que llenara ese hueco. Encontré a Eli y Levi, y las drogas y el alcohol. El vacío me llevó por el camino de robar dinero de casas amish, me llevó a rebelarme contra toda autoridad que se interpusiera, a desear a las mujeres con lujuria y a caer en pecados sexuales. Por la gracia de Dios no terminé en prisión como algunos otros.

Mi experiencia con un joven llamado Atlee ofrece la ilustración perfecta del modo en que interactúan muchos padres amish con sus hijos. Altee tenía dieciocho años cuando dejó a los amish y llegó a nuestra casa preguntando si podía vivir con nosotros. Cuando su padre vino a visitarlo por primera vez, huyó y se escondió. No quería verlo.

Invité a su padre, Davie, a venir a casa y durante una hora hablamos de su relación con Atlee. Davie y yo habíamos ido juntos a la escuela, así que lo conocía muy bien.

Le pregunté:

— Davie, ¿cómo le muestras a tu hijo Atlee que lo amas? ¿Le haces saber que aprecias su trabajo en la granja? ¿Te sientas con tu hijo alguna vez para alentarlo, para hacer que sienta que es importante y que lo necesitas? Eso es lo que está intentando entender él.

— Sí, he hecho esas cosas — dijo Davie, asintiendo lentamente.

— ¿Cómo lo hiciste? — quise saber.

— Bueno, trato de recordar que debo decirle las buenas noches antes de que se vaya a dormir.

La breve respuesta de Davie provenía de un padre sincero que creo que amaba mucho a su hijo. De otro modo no habría estado en mi sala, sentado y pidiendo verle. La triste verdad es que probablemente no supiera cómo mostrarle a su hijo que le amaba de veras. ¿Cómo iba a saberlo si la generación anterior nunca se lo había mostrado o enseñado?

Fui al escondite de Atlee y le pregunté:

— ¿Te abrazó tu papá alguna vez?

— No, nunca.

— ¿Te ha dicho alguna vez que te ama?

— No, nunca.

Yo sabía exactamente cómo se sentía, así que me acerqué y lo abracé. Le dije:

— Aquí todos nos abrazamos. Es algo que nos hace falta a todos.

Lamentablemente, la mayoría de los amish no dan abrazos. No son afectuosos. Se trata más del estilo de vida de levantarse temprano, trabajar duro todo el día, volver a casa por la noche e ir a dormir, y casi nunca hay palabras de aprecio. La mayoría de los jóvenes que acuden a nosotros están cansados de trabajar tan duro sin que se los aprecie, o quizá apenas sientan que se los valora. Cuando dejan a los amish hay que permitirles su tiempo para que puedan adaptarse.

Siempre me digo, y lo digo a los demás también: "Ya deja de mirar el ahora y mira hacia el futuro, dentro de cinco años. Hasta entonces, solo ámalos aunque cueste mucho hacerlo".

El mayor desafío, y también es lo más importante, consiste en creer en tu adolescente y hacer que se sienta especial y valorado. A veces hace falta amarlos tanto como para dejar que tomen sus decisiones, incluso si ves que se están equivocando. Aprenderán de sus errores y eso les ayudará a formarse como adultos funcionales que sabrán tomar decisiones sabias.

* * * *

Hay algunos grupos amish que son salvos y predican el evangelio en sus iglesias. Hace un tiempo me hallaba sentado entre dos hombres amish en un granero. Teníamos delante un banco de trabajo adosado a la pared, y sobre el banco había un reproductor portátil de DVD. El hombre que tenía a mi izquierda era nacido de nuevo, apasionado por el Señor. Pero el que estaba a mi derecha era alcohólico. Su matrimonio y su familia estaban por derrumbarse. Se hallaba sumido en la pornografía y tenía terribles problemas de dinero. Los tres estábamos mirando un DVD sobre cómo recuperar un matrimonio.

El hombre salvo dijo:

— En mi iglesia la gente es salva, pero mantenemos nuestro estilo de vida. No es errado ese estilo de vida, pero sí está mal que confíes en que vivir así te llevará al Cielo.

Estuve totalmente de acuerdo con él y agradecí a Dios por su testimonio.

Si bien agradezco por los que están predicando el evangelio y por quienes entregan sus vidas a Cristo, sigo teniendo una pregunta. ¿Por qué será que alguien que no es amish y quiere unirse al grupo y ser miembro de la iglesia, primero tiene que renunciar y abandonar su estilo de vida anterior, volver a bautizarse en la iglesia amish, adoptar el estilo de vestimenta amish, usar carros a caballo para transporte, dejar la electricidad y usar iluminación a combustible, aprender el idioma alemán y someterse a otras reglas más?

Por otra parte, si una persona amish pide unirse a nuestra iglesia, vamos a preguntarle solamente dos cosas: 1) ¿Cuándo le entregaste tu vida a Jesucristo? y 2) ¿Has seguido al Señor en el bautismo?

Más allá de eso, no nos importará si elige un medio de transporte distinto al nuestro. No nos importará si se viste como amish o usa iluminación a combustible en lugar de electricidad, o si en la granja prefiere el equipo con caballos. Desde mi perspectiva esas son todas cosas secundarias y preferencias personales que jamás deben ser obligaciones impuestas por los líderes de la iglesia.

La interminable cantidad de reglas crea las dificultades que los jóvenes tienen con la cultura amish y, en última instancia, con la autoridad en general.

Capítulo 21

Dificultades y bendiciones

Sin que hubiera una duda siquiera en mi mente, Dios nos llamó a Esther y a mí a ministrar a los amish y ex amish. Aunque el ministerio a veces ha sido difícil y nos costó muchas lágrimas y noches sin dormir, no dudamos en cuanto a que estamos en el centro de la voluntad de Dios. Así como el apóstol Pablo y otros que ministraron antes que nosotros, somos siervos de Cristo y hemos sido llamados a satisfacer las desesperadas necesidades del mundo, llegando a otras personas con la gloriosa nueva de que Cristo les salvará del infierno eterno y les dará vida que dura por siempre. Todos los días hay gente alrededor de nosotros que llega a la eternidad para estar ante Dios Todopoderoso.

Por tanto, mis amados hermanos, estén firmes, constantes, abundando siempre en la obra del Señor, sabiendo que su trabajo en el Señor no es en vano (1 Corintios 15:58).

La gente del pueblo amish es igual a nosotros y al resto del mundo. Algunos son amorosos, generosos, amables, comprensivos. Otros son amargados, odiosos y viven enojados. Hay quienes viven secretas vidas de pecado y vergüenza. Y hay otros que son nacidos de nuevo, apasionados por el Señor, en tanto que el resto vive hundido en las tinieblas y no entienden la salvación. En una oportunidad hablé con un hombre amish llamado Willard que había crecido en una secta Schwartzentruber del condado de Holmes en Ohio. En su vida de adulto joven había dejado la secta Schwartzentruber para unirse a otro grupo amish. Cuando dejó la iglesia Schwartzentruber lo excomulgaron y rechazaron. La iglesia amish del Nuevo Orden recibió a Willard como miembro. Cuando al echar suertes le tocó ser predicador en su nueva iglesia, su hermana, que seguía en la iglesia Schwartzentruber, casi se vuelve loca.

— ¿Por qué elegiría Dios a mi hermano para predicar si ha sido entregado a Satanás? — exclamaba ante su familia.

Tras unos años, la iglesia a la que asistía Willard necesitaba un obispo. De nuevo la congregación se reunión para echar suertes y otra vez le tocó a Willard. Y cuando su hermana se enteró, perdió la cabeza por completo.

Cuando el obispo Willard me contó la historia, dijo:

— Sabes, Joe, podrás lograr más dándote la cabeza contra el poste del cerco durante todo el día que si hablaras con algunos amish. Al menos, tras golpearte la cabeza acabas con un buen moretón en la frente, que es más de lo que consigues al hablar con algunos amish sobre el verdadero evangelio.

Con eso en mente, quiero contar que nos han echado a gritos de algunos hogares amish solo por hablar del evangelio. Algunos amish han venido a nuestra casa amenazando con lastimarnos físicamente. Otros han llamado a nuestra oficina para maldecirnos y otros más nos han escrito cartas reflejando su enojo.

En una ocasión en particular estuvimos dando una charla en una iglesia de Shinglehouse, Pensilvania. Y luego una pareja mayor, Ernie y Joyce, se acercaron para contarnos que habían estado dando testimonio activo ante una familia amish de su zona durante más de veinte años.

— ¿Considerarías acompañarnos con Esther para visitarlos? — me preguntaron.

Al día siguiente nos subimos los cuatro en su camioneta y fuimos a ver a sus amigos amish. Nos dieron a todos la bienvenida a su hogar. Esta familia no nos conocía a Esther y a mí, y pasados ya unos treinta minutos yo empecé a contarles mi testimonio de salvación.

El padre se puso de pie de un salto y me gritó:

— ¡Fuera! ¡Fuera! ¡Fuera de mi casa ya mismo!

En sesenta segundos estábamos de nuevo en la camioneta. Mientras Ernie se preparaba para salir marcha atrás, se abrió la puerta de la casa y el padre les gritó a él y a Joyce:

— Ni te atrevas a llevar a Joe y Esther a que visiten a mis hijos e hijas que están casados.

Mi padre

Durante muchos años, Esther y yo oramos por cada uno de los miembros de nuestra familia, mencionando a todos por sus nombres, y ayunamos un día a la semana con el gran deseo de que Dios abriera sus corazones a la salvación. Cuando nuestros hijos Jonathan y Rachel tuvieron edad suficiente como para orar, se unieron a nosotros para pedir con sinceridad que Dios salvara al abuelo, a la abuela, y a todos sus tíos y tías.

Recuerdo la primera vez en que compartí con mi padre el mensaje de la salvación. Nos había avisado que vendría a visitar nuestra casa. Yo estaba seguro de que Dios estaba respondiendo a nuestras oraciones y que mi padre finalmente entendería la salvación bíblica. Mi hermano William vino a casa y oramos sobre todos los lugares en los que pensábamos que podría caminar papá. Oramos a lo largo del camino de entrada, el poste de telefonía donde ataría su caballo y el sillón donde se sentaría.

Finalmente, cuando llegó mi padre le invitamos a entrar en la casa y nos sentamos con él en la sala.

Pasamos las primeras horas conversando sobre la familia que habíamos dejado al mudarnos y de su gran preocupación por nosotros, que vivíamos en el mundo. No solo le preocupaba que Esther y yo acabáramos divorciándonos, sino también que nuestros hijos además terminarían en una confusión espiritual, dándoles la espalda a Dios y a la iglesia local. Lo dijo con tal certeza y seguridad que mi corazón sintió miedo. Al mismo tiempo, me recordó que había vivido ya muchos años más que yo y que había visto esas cosas muchas veces en gente que había dejado la iglesia amish.

Me resultó muy difícil saber por dónde empezar, pero cerca de la medianoche tomé mi Biblia y empecé a hablarle del plan de salvación de Dios. Ahora me tocaba a mí contarle qué cosas me preocupaban respecto de él y el resto de la familia. Apoyó la espalda en el respaldo y escuchó en total silencio mientras yo cubría un pasaje tras otro de las Escrituras.

— Papá, según la Palabra de Dios, la salvación no es lo que hagamos nosotros por Dios, sino más bien lo que Dios ha hecho por nosotros.

Compartí con él todo mi testimonio de cuando había clamado en el nombre del Señor y nacido de nuevo el 28 de julio de 1985. Cuando llegué al final de mi estudio me acerqué y, de rodillas delante de él, le rogué que entregara su vida entera a Jesucristo y creyera en su corazón que solamente Jesús podía salvarle de sus pecados y del infierno.

Mientras le rogaba y pedía, mi padre solo miraba fijo hacia adelante sin decir palabra. Finalmente se puso de pie, tomó su sombrero y salió atravesando la sala y el área del comedor y la cocina. Me levanté de un salto y corrí tras él.

Cuando estaba saliendo por la puerta, grité:

— Papá ¿no me vas a responder nada?

Se detuvo y me miró. Lo único que dijo fue:

— Hagas lo que hagas, Joe, por favor, jamás te enroles en las fuerzas armadas.

Creo que papá pensaba que todos los ingleses se unen a las fuerzas armadas, o que al menos creen en ello. También pienso que sentía que cuando estuvo en prisión durante un año por negarse a participar en la guerra de Vietnam sufrió persecución junto con nuestros antepasados anabaptistas y, que en cierto sentido, se había ganado su derecho a la salvación.

Mientras mi padre se alejaba en su carro hacia la oscuridad de la noche me di cuenta de que no sabía si volveríamos a vernos. Su preocupación por mí era tan real como la mía por él. Me pregunté: "¿Por qué tiene que ser tan complicada la vida?".

La reunión

Durante veinte años apenas tuvimos noticias de mi familia, con excepción de unas pocas cartas. Mis hermanos y hermanas se casaron, unos tras otros, pero jamás se nos informó ni invitó. Saber que nos separaban apenas poco más de veinte kilómetros hacía que todo fuese más duro.

Y luego, de la nada, dos de mis hermanas casadas decidieron organizar una reunión familiar, incluyendo a los que habíamos dejado a los amish: nuestra familia, mis tres hermanos y sus familias. Todo se hizo en secreto. No querían que se enterara su comunidad o que lo supieran los de la familia Keim, porque temían que alguno se negara a venir a la reunión si se corría la voz de que estábamos invitados.

Para mantener la tensión al mínimo, mis hermanas casadas, Saloma y Ella, nos pidieron que dejáramos nuestros autos a casi un kilómetro y medio en casa de un vecino inglés. Saloma y Ella, que lo habían organizado todo, vivían una frente a la otra con un campo separando sus casas. Así que dejamos los autos y caminamos hasta la casa de Ella y nos vestimos con las ropas amish que ellas habían preparado para nosotros. Desde allí, cruzamos el campo hacia la casa de Saloma, donde ya estaban reunidos casi todos los de nuestras familias amish. Papá y mamá tenían ahora noventa nietos y todos estaban ahí. A algunos de mis hermanos y hermanas yo no los había visto en veinte años. Cuando llegó la hora de comer nos reunimos todos en el granero, donde se había armado una mesa para las familias amish y otra para los ex amish. Debido a normas de la iglesia no se nos permitía llenar nuestros platos con comida de la misma olla. Vi a papá, con cabello canoso. También a mamá. Por primera vez en veinte años estábamos todos juntos. Ellos lo disfrutaron tanto como nosotros. Hablamos sobre nuestras vidas cotidianas, oímos la risa de los niños y jugamos al softbol. Pero al terminar el día nosotros regresamos a nuestro mundo, y ellos al suyo. Después de un tiempo nos enteramos que mamá y papá habían sido reprendidos y castigados por la iglesia por habernos aceptado. Me molestó eso, pero sabía que no había nada que hacer al respecto.

La reconciliación

Poco después de esa reunión sentí la gran necesidad de ir a ver a un consejero personal. Sabía que aunque me dedicaba al ministerio y había tratado con toda clase de jóvenes, a menudo mi pasado se interponía en mi camino. Esther y yo decidimos ir a Carolina del Norte para alejarnos de todos los que nos conocían en el ministerio. Yo no quería que nadie se enterase de que necesitaba ayuda y me sentía un tanto avergonzado. Tomamos cinco días completos de consejería y más o menos al cuarto día supe que todavía guardaba dentro de mí mucho enojo hacia mi padre, un sentimiento que databa de la época de mi niñez. Al quinto día logré un avance en mí mismo y entregué todo al Señor. Esos cinco días de intensa consejería me dejaron emocional y mentalmente agotado, pero también sentí como si me hubiera quitado un enorme peso de encima cuando solté todo ese enojo que tenía hacia mi padre.

Cuando volvíamos a casa, dije:

— No puedo cambiar a papá, pero necesito ir y pedirle disculpas por todo lo que hice y que le causó dolor —. Mi hermano William dijo que iría conmigo.

Mis padres habían dejado a los amish de Ohio para mudarse a otra comunidad que estaba en Pensilvania. De eso habían pasado ya cinco años, pero yo no había ido al lugar todavía. El 5 de agosto de 2011, William y yo partimos hacia Ulysses, Pensilvania. Muchas personas oraban por nosotros, pero estábamos preparados para el rechazo. Para cuando encontramos la casa de papá y mamá, ubicada en medio de la nada, ya eran las nueve de la noche y estaba completamente oscuro.

Dejamos el auto en el camino de entrada y vimos lo que parecía una lucecita que se movía en la densa oscuridad. Era mamá, que trabajaba en sus tareas con una linterna atada alrededor de su cabeza, pero no tenía idea de quiénes éramos. Cuando nos acercamos, nos iluminó los rostros y nos miró con atención durante lo que pareció una eternidad.

Y de repente exclamó:

— Joe, ¿eres tú, Joe? ¿Y William?

— Sí, somos nosotros — dijimos, sin saber bien qué esperar.

¿Nos dejarían entrar en su casa o no? Nos alivió ver que papá se acercaba. Nos invitó a entrar. Esa noche hablamos, y hablamos, y hablamos.

Cerca de las 2:00 a. m., papá dijo:

— ¿Por qué no se quedan a pasar la noche?

Ambos contestamos:

— Sí, nos encantaría.

Cuando despertamos a la mañana siguiente, el aroma de la comida preparada por mamá subía hasta el dormitorio. Ya en la planta baja, notamos que habían preparado dos mesas. Papá nos indicó con un gesto que nos sentáramos a una de ellas. Y ellos se sentaron a la otra.

Tras una oración en silencio, mamá dijo:

— Bien, chicos. Coman todo lo que quieran. Hay mucha comida.

Mientras comíamos el desayuno preparado por mamá esa mañana, yo no podía pensar en ningún otro lugar mejor que ese donde prefiriera estar.

Después del desayuno les dije que lamentaba mucho el dolor y vergüenza que le había causado a nuestra familia durante mi adolescencia. También dije que Esther y yo habíamos viajado a Carolina del Norte unos meses antes para esos cinco días de consejería.

A su vez, papá nos contó cómo había vivido esas ocasiones en que yo había dejado a los amish. Lloraba tanto que apenas podía hablar, y al igual que yo, guardaba dentro un dolor inmenso, reprimido durante veinticinco años. Nos dijo que lamentaba muchas cosas que había hecho como padre y que deseaba que el tiempo pudiera volver a atrás en su vida con tal de hacerlo de otro modo.

Nos dijo cómo había vivido esa noche en que se ocultó entre la maleza mientras Esther y yo esperábamos en la ruta oscura que viniera el auto a buscarnos.

— Joe, cuando te subiste a la camioneta de Mark y se alejaron a pesar de que yo te llamaba gritando, me sumí en una nueva tristeza, más profunda.

Luego describió lo vivido cuando vino a visitarme días después en Norwalk.

— Contraté a un conductor de taxi para ir a verte, esperando convencerte de que regresaras a casa conmigo. Cuando llegamos a la casa donde estabas, Mark salió y me dijo que me fuera. Me dijo: "Joe no quiere hablar". Así que esperé junto a la puerta hasta las cuatro de la mañana. Mark salió de nuevo y estaba muy enojado conmigo. Me ordenó que me fuese, o llamaría a la policía. Entonces, me recompuse y volví a casa en el auto. El conductor escuchó seis veces la misma canción en el reproductor: Hold Fast to the Right[20], y eso me dio las fuerzas que necesitaba desesperadamente para soportar el dolor de perder a mi hijo mayor.

Cuando papá terminó de contarnos la historia, dijo también:

— Si no te importa, quiero tomar mi himnario para cantar juntos Hold Fast to the Right.

Como imaginarán, no podíamos dejar de llorar mientras cantamos, ya que la letra es acerca de estar de rodillas junto a mamá para escuchar sus últimos consejos. Cantamos sobre las tentaciones y pruebas del mundo. Sobre confiar en el Salvador y aferrarnos a lo recto.

Cuando terminamos, les pregunté a nuestros padres y a mi hermano William:

— ¿Podemos acudir a Dios y entregarle a Él todo nuestro dolor?

Era demasiado como para poder sobrellevarlo por nosotros mismos.

Mamá contestó:

— Mejor será que ore papá.

Me preocupaba que papá orara leyendo de su libro de oraciones en alemán. Pero en cambio, nos arrodillamos todos allí y oró en neerlandés. Lloramos todos mientras orábamos juntos en el piso de la sala.

Finalmente ya no pude más y me levanté para acercarme a papá y preguntarle y podía abrazarlo. Él se puso de pie y nos abrazamos. Durante los siguientes diez minutos lloramos amarga e inconsolablemente. Nuestras camisas quedaron empapadas por las lágrimas. Era como si veinticinco años de lamentos, confusión, malos entendidos y rencillas salieran como estallido desde lo más profundo de cada uno. Y finalmente nos

---

20 Canción escrita por James D. Vaughan en 1906 y versionada muchas veces por artistas como The Carter Family, The Stanley Brothers, Dolly Parton y June Cash.

pedimos perdón mutualmente por las muchas veces en que nos habíamos lastimado.

Mi amor por papá y mamá no se puede explicar con palabras. Yo no quería que terminara ese momento, pero teníamos nuestras propias familias y vivíamos en otro mundo.

Tampoco papá y mamá querían que nos fuéramos. Allí, de pie, mirándonos a los ojos, nos preguntábamos cómo podríamos separarnos después de haber vivido esas emociones.

Entonces William dijo:

— Solo tengo una pregunta. Si murieran en este preciso instante, ¿tienen certeza de que irán al cielo?

Aunque nos habría gustado oírles decir: "Sí, somos nacidos de nuevo", o "Sí, tenemos certeza de nuestra salvación", no respondieron nada de eso. Y con todo, tuvimos que dejar la salvación de lado y poner a nuestros padres de nuevo en las manos de Dios.

Intentamos irnos siete veces esa mañana, pero en cada ocasión surgía algo más y volvíamos para seguir hablando. Las últimas tres veces ya estábamos caminando hacia nuestro vehículo. Mamá lo había cargado con todo tipo de frutas, vegetales y recuerdos de familia. Cuando retrocedíamos con el auto nos gritaron:

— Por favor, díganles a sus esposas e hijos que los amamos.

Dalton y papá

Dos años después, llegó la tragedia. Mi hermano William y su esposa Jenica habían comprado una casa nueva. Su hijo Dalton tenía dos años y estaba jugando en la cocina mientras Jenica cocinaba un pavo en una olla de agua hirviendo. El pequeño Dalton se aferró la manija de la puerta del horno y tiró. La cocina entera se volcó hacia adelante y la olla con agua hirviendo cayó sobre su cuerpito. En menos de veinticuatro horas el hermoso pequeñito murió.

Con la muerte de Dalton nos preguntamos si nuestra familia amish vendría al funeral. El servicio se haría en nuestra iglesia local. Años antes papá había jurado que jamás pisaría nuestra iglesia.

El día del funeral nos levantamos por la mañana para enfrentar ese momento difícil sin saber si mamá, papá y el resto de nuestra familia amish estarían allí. Cerca de las 8:00 a. m., William llamó y me dijo:

— Papá acaba de llamar y dijo que él y mamá han estado viajando casi toda la noche. Tienen pensado estar en el funeral, pero con una condición: que Joe no se ponga de pie para hablar desde el púlpito.

— ¿En serio, William? No puede ser cierto — dije.

— Sí, papá lo dejó en claro: "Si llegamos y Joe se levanta y dice algo, tendremos que levantarnos e irnos".

No podía creer lo que oía y no entendía cómo mi papá podía controlarme en mi propio terreno. Si hubiera sido en su terreno lo habría entendido.

Finalmente dije:

— Bueno, William. Me duele mucho. Pero quiero que nuestros padres estén en el funeral y lo quiero más de lo que querría levantarme para hablar desde el púlpito.

Enseguida llamé a mi pastor y le dije:

— Por favor, quita mi nombre de la lista de los que hablarán.

Nuestra iglesia, a la que asistimos desde el día en que dejamos a los amish en 1987, es lo suficientemente grande como para que quepan cuatrocientas personas y el día del funeral estaba llena, con excepción de dos lugares en el primer banco, que habíamos reservado para mamá y papá.

Ver a papá con sus setenta años, acompañado por mamá cuando entraron por la puerta trasera, fue algo impactante. Todas las miradas de centraron en ellos. Todos conocían nuestra historia. Alguien los acompañó hasta que llegaron al primer banco. Yo no podía evitar el preguntarme si papá recordaría que había jurado no pisar nuestra iglesia.

Mi pastor se puso de pie, y predicó su mensaje como si fuese el último.

— ¡O eres nacido de nuevo o sigues perdido y estás en la búsqueda todavía! O estás en el camino al Cielo, o estás en el camino que lleva al infierno. Así de simple es. Si crees y recibes el regalo de Dios, El te dará la vida eterna. Dios nos dice en Romanos: Porque no hay distinción entre judío y griego, pues el mismo Señor es Señor de todos, abundando en riquezas para todos los que le invocan; porque: "Todo aquel que invoque el nombre del Señor será salvo" (Romanos 10:12-13). Si hoy estás sentado aquí y el Espíritu Santo le está hablando a tu corazón, voy a pedirte que clames por la salvación en el nombre del Señor.

Momentos después, el pastor John preguntó:

— Con la cabeza inclinada y los ojos cerrados, ¿cuántos de ustedes han orado pidiendo al Señor que les salve? —. Muchos levantaron sus manos y el pastor les dio las gracias por su sinceridad.

Al pasar junto al ataúd por última vez y darle un apretón de manos a mi hermano William, él perdió el control por completo. Con el rostro bañado por las lágrimas, me abrazó y dijo:

— Sé ahora por qué murió Dalton. Cuando el pastor les preguntó a todos quién había orado pidiendo salvación, no pude evitar que mi mirada fuera hacia papá y mamá. Ambos levantaron la mano.

Durante los siguientes minutos ambos lloramos, alabando al Señor en voz alta, y empezamos a ver el propósito de nuestro dulce pequeñín Dalton y su partida prematura. Se nos hizo más fácil dejarlo ir.

¿Qué ha pasado con mi relación con papá y mamá desde el funeral? Solo quiero decir que tal vez tomó treinta largos años el romper los gruesos muros, pero me siento muy cómodo yendo en auto a visitar a mis padres. Por supuesto, ellos viven en el mundo amish y yo vivo en el mundo de los ingleses. Siempre estará allí esa sensación de separación, pero unos y otros estamos aprendiendo a vivir con las diferencias.

Cuando papá y mamá celebraron su 50º aniversario de matrimonio en octubre del año pasado, nos invitaron a todos para celebrar junto a nuestra familia amish. Papá y mamá fueron el centro de atención y les prodigamos nuestro amor. Sí, tuvimos que comer en mesas separadas, pero nos negamos a permitir que eso nos molestara. Nos divertimos mucho ese día y nos sentimos parte de esa familia de ingleses/amish/judíos, que es la nuestra.

Capítulo 22

A los ojos de Dios

A los ojos de Dios no hay diferencias entre los amish y los no amish. No hay diferencias en cuanto a estilos de vida, culturas y denominaciones de iglesias. No hay diferencias entre anabaptistas y protestantes. No hay diferencia entre quiénes fueron nuestros ancestros y la generación de hoy. Esas etiquetas son todas creadas por los humanos y nos han dividido durante demasiado tiempo. Todos nosotros nos descarriamos como ovejas, nos apartamos cada cual por su camino (Isaías 53:6).

Cuando las Escrituras dicen que *todos* nosotros como ovejas nos hemos descarriado, quiere decir eso mismo: TODOS. No hay ni una cultura, denominación de iglesia, ni un hombre, ni una mujer, ningún niño o niña que esté exento de ello. Todos nos descarriamos. El profeta Isaías escribe luego: *Todos* nosotros somos como el inmundo, y como trapo de inmundicia *todas* nuestras obras justas (Isaías 64:6, énfasis añadido por el autor). Lo que hacemos por fuerza propia para estar bien con el Señor y conseguir algo es completamente insuficiente. Podemos confiar en lo que nos dice la Biblia: Al que no conoció pecado, lo hizo pecado por nosotros, para que fuéramos hechos justicia de Dios en Él (2 Corintios 5:21).

Hacía falta la Ley de Moisés para que la humanidad llegase a entender su propia pecaminosidad y necesidad de Jesucristo. No existe tal cosa como las muchas puertas para entrar en el Cielo. No hay puerta amish, puerta bautista, puerta carismática o pentecostal. La puerta es Jesús.

Supongamos que cuatro de nosotros morimos y vamos al Cielo. Un día, mientras estamos sentados en círculo, se me ocurre preguntar:

— ¿Cómo llegaron aquí ustedes tres?

El primero dirá:

— Vine porque mis antepasados provienen del Gran Despertar de 1734.

El segundo:

— Yo vine porque mis antepasados provienen del Reavivamiento Galés de 1905.

Y para no ser menos, el tercero responde:

— Les gano a todos. Estoy aquí porque mis antepasados eran los primeros anabaptistas.

¡Sería patética esa conversación! La verdad es que si pudiéramos retroceder para llegar a cada uno de esos antepasados perseguidos para que nos aconsejaran, todos dirían: "Dios no permita que nos tomen como modelos. Somos tan solo seres humanos pecadores que necesitamos desesperadamente a un Salvador". No tengo dudas respecto a lo que todos dirían: "Haz lo que hicimos todos. Fija tus ojos en Jesucristo".

Jesús es la respuesta a todo el orgullo, el prejuicio, la amargura, el odio y la desunión que hay en nuestro mundo. El suelo a los pies de la cruz es llano. No hay persona que sea aceptada por otra razón, más que la fe en Jesucristo y Su obra completada en la cruz.

En ningún otro hay salvación, porque no hay otro

nombre bajo el cielo dado a los hombres, en el cual podamos ser salvos (Hechos 4:12).

¿Cuándo empezaremos a actuar como hijos de Dios llenos del Espíritu, interesándonos más por los demás que por nosotros mismos, nuestras tradiciones, nuestras denominaciones? ¿Cuánto falta para que nos postremos ante Dios y clamemos pidiendo perdón? ¿Es la persecución más terrible la única herramienta que le queda a Dios para que hinquemos la rodilla?

Desde el principio de nuestro ministerio he sentido el peso de la carga que me insta a reunirnos a orar. No hablo de un momento de congregarnos ni de estudiar la Biblia, sino de una reunión de oración. Nos reunimos durante dos horas cada semana para orar por el cambio de las vidas de muchos. Oramos por cientos de jóvenes que han pasado por el ministerio. Oramos porque Dios envíe un despertar. Algunos de los que han orado con nosotros hace catorce años todavía siguen viniendo. También oramos los unos por los otros. Oramos porque los padres lideren, porque las madres lideren y porque los hijos sigan a Cristo.

Una noche vino un chico amish de diecisiete años a la reunión de oración. Tenía cáncer. Su hermano ya había muerto de cáncer y el médico había dicho que solo viviría un par de semanas más. Estaba tan débil que apenas podía sentarse en la silla. Impusimos las manos sobre él y pedimos que, si era la voluntad de Dios, Él lo sanara. Hoy el muchacho está vivo. No tiene cáncer. Y dirá que esa noche sanó. Volvió a verlo el médico, que dijo: "No sé adónde habrá ido tu cáncer".

* * * *

Gracias, lectores, por tomarse el tiempo de leer Mi pueblo, los amish. Desde el principio he orado porque Dios utilizara la historia de mi vida para darles ánimo, para que nunca bajen los brazos, no importa cuáles sean las circunstancias. Santiago escribió: Sin embargo, ustedes no saben cómo será su vida mañana. Solo son un vapor que aparece por un poco de tiempo y luego se desvanece (Santiago 4:14). Así como el vapor se eleva desde el pico de una tetera, nuestra vida aparece y luego ya no está porque desaparece. El rey Salomón tenía todo lo que este mundo tiene para ofrecer, y sin embargo, en todo su esplendor y su gloria del mundo, clamó: Entonces el polvo volverá a la tierra como lo que era, y el espíritu volverá a Dios que lo dio. Vanidad de vanidades, dice el Predicador, todo es vanidad (Eclesiastés 12:7-8). Él sabía que pronto se convertiría en polvo y alguien más estaría al frente de su reino y sus riquezas. Por eso concluyó: La conclusión, cuando todo se ha oído, es esta: Teme a Dios y guarda Sus mandamientos, porque esto concierne a toda persona (Eclesiastés 12:13).

¡Ah, lector! Si Dios te ha guiado hasta estas últimas palabras del libro y todavía no has encontrado el camino hacia Él, quiero señalarte ese camino compartiendo lo que clamó Jesús: Yo soy el camino, la verdad y la vida; nadie viene al Padre sino por Mí (Juan 14:6).

La gracia ilimitada de Dios por medio de Jesucristo se acerca a cada uno y desea reemplazar los corazones manchados de pecado por nuevos corazones. Escuchemos lo que dice Él: ... les daré un corazón nuevo y pondré un espíritu nuevo dentro de ustedes; quitaré de su carne el corazón de piedra y les daré un corazón de carne. Pondré dentro de ustedes Mi espíritu (Ezequiel 36:26-27).

Lector, ¿aceptarás la invitación del Señor? Anímate. Puedes tomarte un momento y hablar con Él. Porque está justo allí, a tu lado, esperando.

Espero que hayas dicho que sí. Si lo hiciste, la promesa de Jesús es esta: ...el que oye Mi palabra y cree al que me envió, *tiene* vida eterna y *no viene* a condenación, sino que ha pasado de muerte a vida (Juan 5:24, énfasis añadido por el autor).

Oración

Padre que estás en los Cielos, he pecado contra Ti. Me he apartado de Ti para ir tras ídolos y religión hecha por los humanos. He andado por donde me pareció. Y me perdí. Ten misericordia de mí, oh Dios, a causa de Tu amor incondicional. Por Tu gran compasión, borra la mancha de mis pecados. Lávame de mi culpa. Purifícame de mi pecado. Reconozco mi rebeldía. Me acosa, día y noche. Tú no deseas un sacrificio, porque de lo contrario te lo ofrecería. No quieres ofrendas en brasas. El sacrificio que deseas es un espíritu en quebranto. Nunca rechazarás al corazón quebrantado y arrepentido, oh Dios (basada en el Salmo 51).

Únete al equipo de MAP

Si te interesa, tienes la oportunidad de unirte al equipo del ministerio MAP por medio de la oración y la generosidad. Nuestro ministerio se basa en la fe y es posible únicamente gracias a las donaciones. Si quieres más información sobre cómo participar, visita nuestro sitio en Internet o contáctanos cuando quieras.

Información de contacto

MAP Ministry
575 US Highway 250
P.O. Box 128
Savannah, OH 44874

Teléfono: (419) 962-1515
www.mapministry.org

Apéndice A

Mi perfecto Padre

Por Rachel Keim

S egún el diccionario, la palabra perfecto significa "excelente o completo, que no deja lugar para mejoras prácticas o teóricas". La definición que ofrece el diccionario de la palabra perfecto define a mi padre. Puede ser que haya muchos buenos padres en el mundo, pero ninguno podría superar a mi padre: mi padre es perfecto. Mi padre es un hombre generoso, considerado y protector, y es mi modelo. Mi padre exhibe las características de la perfección.

Mi padre es generoso. Winston Churchill afirmó: "Nos ganamos la vida con lo que se nos paga, pero creamos la vida con lo que damos". Toda mi vida mi padre ha ido en contra de la naturaleza humana, poniendo a otros por delante de sí mismo, siempre. Recuerdo una ocasión en que mi padre se dedicó al ministerio a tiempo completo y no le pagaron durante tres meses. Durante esos tres meses en que no le pagaron, mi padre siguió fielmente dando de su dinero a una organización de ayuda para países del tercer mundo. Daba de corazón, incluso en tiempos difíciles. Mi padre vive según lo que dijo Winston Churchill y es generoso no solo con su familia, sino también con quienes le rodean y tienen necesidades. La vida de mi padre se ha caracterizado por su corazón generoso.

Mi padre es considerado con los demás. Aunque cree que él es "el hombre de la casa" y que tiene la última palabra en todo asunto familiar, siempre está dispuesto a escuchar el punto de vista de todos antes de tomar una decisión. Después de escuchar de veras a cada uno y hacer que cada persona sienta que su opinión importa, mi padre sinceramente intenta tomar una decisión que conforme a todos. Mi padre siempre se esfuerza por ser justo.

Mi padre es protector. Recuerdo que cuando era chica desperté una noche convencida de que alguien estaba tratando de entrar en la casa a la fuerza. Lo primero que hice para encontrar protección fue ir donde estaba mi padre. A los pocos minutos de oír mi relato, imaginativo pero sincero, mi padre salió de la cama y buscó en cada habitación de la casa hasta que sentí que estaba a salvo. Esta pequeña acción me mostró que más allá de lo pequeña que pudiera ser una situación en mi vida, mi padre siempre estaría dispuesto a hacer todo lo que pueda para protegernos, a mí y a mi familia.

Mi padre es mi modelo de vida. Todos los días veo en mi padre características que yo quiero imitar. Siendo niña, había decidido que me casaría con mi padre. A medida que crecía tuve que admitir el triste hecho de que mi afortunada madre era la que estaba casada con mi padre y que mi idea de casarme con él era imposible. Ahora solo espero un día casarme con un hombre que sea como mi padre y seguir el modelo que él ha creado.

Hace diez años creía de veras, con todo mi corazón, que mi padre era perfecto. Y ahora que soy mayor veo que mi padre no es completamente perfecto, pero reconozco además que todos los días se esfuerza por serlo. Debido a su esfuerzo y al carácter que exhibe, a mis ojos mi padre es perfecto. Solo espero poder heredar algún día parte de sus invalorables cualidades. Después de todo, querría ser lo más perfecta que pueda.

Apéndice B

Preguntas para David antes de noviar con Rachel

Por Joe Keim

1. ¿Has salido antes con alguna chica?

2. ¿Qué es lo que te atrae de Rachel?

3. Describe lo que piensas que es salir con una chica.

4. ¿Cómo definirías al buen esposo/líder en su hogar?

5. Cuéntame cómo es que una persona llega al Cielo.

6. ¿Cuál es tu don espiritual más fuerte?

7. Cuéntame sobre algún defecto que sabes que tienes.

8. ¿Cómo es tu andar con el Señor (pasado y presente)?

9. ¿En qué áreas de ministerio has participado?

10. ¿Cuáles son las tres cosas escritas en la Biblia respecto de las que sientes que te importan más?

11. ¿A quién admiras? ¿Quién ha sido tu mentor?

12. ¿Qué pasatiempos tienes?

13. ¿Cómo es la relación con tu familia?

14. Hemos orado por las siguientes cosas:

   a. La pureza de Raquel y su hombre hasta el momento del matrimonio (comenta sobre lo que significa para ti la pureza).

   b. Que su hombre sea un cristiano nacido de nuevo, criado en un hogar cristiano y que sirva al Señor con todo su corazón.

   c. Que su hombre sea un líder en el hogar (explica liderazgo vs presionar). Rachel me advirtió: "Papá, esta podría ser un tanto intensa. Por supuesto, puedes mencionarla (es importante). ¡Ja! ¡Pero no la presentes ante el pobre muchacho como algo demasiado relevante!".

15. ¿Dónde querrías estar dentro de un año? ¿Dentro de cinco años? ¿Dentro de diez años?

Cómo terminar nuestra conversación: "Me alegra darte permiso para salir con mi hija". Rachel dijo: "Perfecto. Pero recuerda que no estás obligado a dar permiso. ¡Confío en tu buen juicio!".

Apéndice C

Comentarios/Preguntas para David sobre el matrimonio

Por Joe Keim

N uestra familia ha orado miles de veces a lo largo de muchos años pidiendo que Dios le enviara a Rachel a un hombre según el corazón de Dios, un hombre que la protegiera y que también la guiara en el camino del Señor. No queremos que piensen que somos controladores y tampoco queremos aferrarnos a Rachel en casa durante el resto de su vida. La Biblia dice con claridad en Mateo:

> Jesús les respondió: "¿No han leído que Aquel que los creó, desde el principio los hizo varón y hembra, y dijo: "Por esta razón el hombre dejará a su padre y a su madre y se unirá a su mujer, y los dos serán una sola carne"? Así que ya no son dos, sino una sola carne" (Mateo 19:4-5).

Desde el principio de los tiempos la intención de Dios ha sido que los hijos dejen a sus padres y se aferren solo a su cónyuge. Como padres estamos agradecidos y nos sentimos muy bendecidos porque Dios nos ha permitido invertir nuestras vidas y corazones en Rachel. Nuestro objetivo desde el principio fue el de prepararla para el hombre que algún día Dios le enviaría. Quizá no siempre hemos estado a la altura de lo que podríamos o tendríamos que haber hecho, pero sí hay algo que es seguro: siempre hicimos nuestro mejor esfuerzo.

Hasta que Rachel dejó la casa para ir a la universidad, nos sentamos cada mañana con ella en el sofá y le pedimos a Dios que la protegiera, que la llenara con Su Espíritu Santo, que le diera sabiduría y la guiara en la dirección correcta. También en esos momentos de oración le pedimos a Dios que le diese un esposo cristiano, nacido de nuevo, que hubiera sido criado en un hogar en el que se asistiera a la iglesia y que pusiera a Dios y a la familia como prioridad.

Cuando Rachel era bebé la presentamos ante la iglesia y nos comprometimos a criarla en el camino del Señor. Cuando cumplió diez años nos sentábamos con ella y leíamos una serie de libros que explicaban el modo en que el Señor la creó, en temor y maravilla. También en esas ocasiones le contamos lo que habría de esperar a medida que creciera, que se casara y tuviera sus propios hijos. Más adelante, cuando tenía dieciséis años, invitamos a ocho hombres y mujeres cristianos para que vinieran a casa a orar por Rachel. Ese mismo día Rachel hizo votos de pureza sexual y de seguir al Señor todos los días de su vida.

Ahora que tú y Rachel han estado de novios durante dos años, es importante que sepas que estás en nuestra lista diaria de oración. Casi todas las noches en estos últimos dos años, Esther y yo nos sentamos juntos en el sofá y oramos por ti y por ella.

Nos llena de alegría ver que Dios les ha dado a ti y a Rachel el deseo de leer muchos libros sobre los matrimonios y familias cristianos y saludables, y te damos diez estrellas por tu

GRANDIOSO trabajo y tarea como líder. Nos causa buena impresión tu conocimiento de las Escrituras y tu postura de mantenerte sexualmente puro. En verdad ¡el Señor ha respondido a nuestras oraciones con creces!

Nuestra familia ama a la familia Garwood y los consideramos a todos como amigos queridos y colaboradores en el Señor. Nos gusta que todos tengan a Dios y la familia como prioridad en sus vidas. Y de veras compartimos muchos de los mismos valores y creencias: solamente Dios podría haber hecho una conexión como esta.

Dicho eso, quiero terminar dándote las gracias por venir y hablar sobre tus sueños del futuro con nuestra hija. En este momento me gustaría hacerte algunas preguntas antes de que pasemos a la siguiente curva del camino.

Preguntas y compromisos

1. ¿Por qué elegiste a nuestra hija para casarte y pasar el resto de tu vida con ella?

2. ¿Cómo esperas que sea la vida de casados con Rachel?

3. ¿Has pensado dónde vivirán después de casarse?

4. ¿Qué has aprendido de tu padre y tu madre acerca de ser esposo y padre?

5. ¿Cuál consideras que será tu papel como esposo y padre?

6. ¿Cuáles son tus metas para el futuro inmediato y distante?

7. ¿Puedes asegurarnos de que te ocuparás de nuestra hija en términos económicos? ¿Trabajarás duro, proveerás para ella y la familia de ambos y nunca usarás el dinero como arma?

Ella no necesita vivir en un castillo, pero sí tendría que

vivir en un hogar seguro y confortable y tener ropa y alimento.

¿Te ves feliz y contento con nuestra hija, incluso si la vida les golpea y terminan en la pobreza?

8. ¿Te ocuparás de ella emocionalmente? Hay dos cosas que destruyen un matrimonio: el egoísmo, y la amargura. Cuídense de eso. Dentro del corazón de nuestra hija hay un agujero redondo que llamamos "necesidad emocional". Dentro de tu corazón como hombre hay un cubo, que de alguna manera tendrá que "encajar" allí. ¿Estás dispuesto a limar las aristas y esquinas de ese cubo para cubrir sus requerimientos emocionales?

   Ella no piensa ni reacciona como tú. Quizá tú veas algo que te haga reír y a ella la misma cosa podría hacerla llorar. Tal vez digas algo que pensaste que sería lo más dulce del mundo, pero que a ella le molestará mucho. Dios te ha diseñado para ser el que pueda cubrir sus necesidades. ¿Estás dispuesto a hacer todo lo que haga falta para cuidarte del egoísmo y la amargura y de ocuparte de las necesidades de Rachel?

9. ¿La cuidarás físicamente? Como padre, mi tarea ha sido la de proteger a mi "princesa". Como esposo, tu tarea consiste en proteger a tu "reina". Si algo representara peligro para ella, ¿te interpondrías para protegerla? Al hablar de protección física también me refiero a la intimidad. Considera que ella es el vaso más frágil, como lo indica la Biblia.

Ustedes, maridos, igualmente, convivan de manera comprensiva con sus mujeres, como con un vaso más frágil, puesto que es mujer, dándole honor por ser heredera como ustedes de la gracia de la vida, para que sus oraciones no sean estorbadas (Pedro 3:7).

10. ¿Te ocuparás de ella en lo espiritual? ¿Sabes que la Biblia les indica a los hombres treinta y tres veces que amen a sus esposas? Pero a las esposas les dice solo dos veces que amen a sus esposos. Estás pidiendo la mano de nuestra hija. Sé que hoy ella es una mujer de Dios. Cuando yo ponga su mano en la tuya para que se casen, ya no seré yo el responsable de su salud y aprendizaje espiritual. Un día, después de haber vivido juntos durante muchos, muchos años, tú vas a presentarle su mano a Dios. ¿Será más una mujer de Dios en ese momento, más que en el día en que yo te la entregué?

Esther y yo creemos profundamente en que tú tienes que ser el líder espiritual de tu familia y tus futuros hijos (nuestros nietos) según el designio de Dios. ¿Asumirás la responsabilidad de leerles las Escrituras a Rachel y a tus hijos? ¿A orar por ellos? ¿A llevarlos regularmente a la iglesia?

11. ¿Vas a esforzarte por orar con regularidad por la salvación y el futuro matrimonio de tus hijos?

Si puedes ocuparte de nuestra hija económica, mental, emocional, física y espiritualmente como lo presenta esta carta, entonces tienes nuestra bendición. Y si no puedes, debes decírnoslo ahora.

Apéndice D

Breve reseña de la conferencia

S esión 1: Anabaptismo, cultura y valores
Su hermosa cultura y valores familiares son
el resultado de muchos años de persecución y
sufrimiento.

Sesión 2: Creencias, legalismo y abandono de la comunidad
El evangelio, según la mayoría de los amish, tiene
seis elementos principales. El rechazo de uno
podría impedir que la persona vaya al Cielo.

Sesión 3: Evangelización, obstáculos, permisos y prohibiciones
Por qué es necesario evangelizar. Tres formas de
conectarte con tu comunidad amish.

Sesión 4: Ministerio MAP y ayuda a los ex amish
El inicio e historia de un ministerio y la forma en
que Dios se está movimiento en la cultura amish.

En www.amishawareness.com aparecen las fechas de las conferencias que daremos.

Apéndice E

Versículos de la Biblia para estudiar y conversar

En verdad les digo: el que oye Mi palabra y cree al que me envió, tiene vida eterna y no viene a condenación, sino que ha pasado de muerte a vida (Juan 5:24).

Mis ovejas oyen Mi voz; Yo las conozco y me siguen. Yo les doy vida eterna y jamás perecerán, y nadie las arrebatará de Mi mano. Mi Padre que me las dio es mayor que todos, y nadie las puede arrebatar de la mano del Padre. Yo y el Padre somos uno (Juan 10:27-30).

Ver también

Colosenses 1:13-14; 2 Corintios 1:22; Efesios 1:13-14; Efesios 4:30; Colosenses 3:3-4; 1 Pedro 1:4-5, 23; Filipenses 1:6; 1 Juan 3:2; Hebreos 10:14; 2 Timoteo 4:18; Romanos 10:9, 13; Juan 3:16; 1 Juan 5:11-13; Efesios 2:8-9; Romanos 8:1, 16; Juan 6:37; Hechos 2:21; 1 Juan 2:3-4.

La gracia

Porque por las obras de la ley ningún ser humano será justificado delante de Él; pues por medio de la

ley viene el conocimiento del pecado. Pero ahora,
aparte de la ley, la justicia de Dios ha sido mani-
festada, confirmada por la ley y los profetas. Esta
justicia de Dios por medio de la fe en Jesucristo es
para todos los que creen. Porque no hay distinción,
por cuanto todos pecaron y no alcanzan la gloria de Dios. Todos son justificados gratuitamente
por Su gracia por medio de la redención que es en
Cristo Jesús (Romanos 3:20-24).

Ver también:

Efesios 2:5-9; Romanos 5:8; Romanos 6:14; Romanos 11:6;
1 Corintios 15:10; 2 Corintios 12:9; Santiago 4:6; Hebreos 4:16;
Juan 1:16; 2 Timoteo 2:1; 2 Timoteo 4:22.

La fe

Con Cristo he sido crucificado, y ya no soy yo el
que vive, sino que Cristo vive en mí; y la vida que
ahora vivo en la carne, la vivo por la fe en el Hijo
de Dios, el cual me amó y se entregó a sí mismo
por mí (Gálatas 2:20).

Ver también:

Hebreos 11; Romanos 10:17; 1 Tesalonicenses 1:2-3; Hebreos 12:2.

Poca fe

Y Él les dijo: "Por la poca fe de ustedes; porque en
verdad les digo que si tienen fe como un grano de
mostaza, dirán a este monte: 'Pásate de aquí allá', y
se pasará; y nada les será imposible" (Mateo 17:20).

Ver también:

Mateo 8:26; Mateo 14:29-31; Lucas 12:27-28.

Mucha fe

Y sin debilitarse en la fe contempló su propio cuerpo, que ya estaba como muerto puesto que tenía como cien años, y también la esterilidad de la matriz de Sara.

Sin embargo, respecto a la promesa de Dios, Abraham no titubeó con incredulidad, sino que se fortaleció en fe, dando gloria a Dios (Romanos 4:19-20).

Ver también:

Hechos 6:5; Hechos 11:22-24; 1 Corintios 13:2; 2 Corintios 5:6-7; Efesios 6:16.

Fe que sana

Pero Jesús, volviéndose y viéndola, dijo: "Hija, ten ánimo, tu fe te ha sanado". Y al instante la mujer quedó sana (Mateo 9:22).

Ver también:

Mateo 9:28-29; Marcos 10:52; Hechos 14:9-10.

Fe que salva

Sin embargo, sabiendo que el hombre no es justificado por las obras de la ley, sino mediante la fe en Cristo Jesús, también nosotros hemos creído en Cristo Jesús, para que seamos justificados por la fe en Cristo, y no por las obras de la ley. Puesto que por las obras de la ley nadie será justificado (Gálatas 2:16).

Ver también:

Hechos 15:8-9; Hechos 20:18-21; Romanos 1:16-17; 2 Corintios 4:13-14; Efesios 2:8-9.

El amor
El amor de Dios por nosotros

En esto se manifestó el amor de Dios en nosotros: en que Dios ha enviado a Su Hijo unigénito al mundo para que vivamos por medio de Él. En esto consiste el amor: no en que nosotros hayamos amado a Dios, sino en que Él nos amó a nosotros y envió a Su Hijo como propiciación por nuestros pecados. Amados, si Dios así nos amó, también nosotros debemos amarnos unos a otros (1 Juan 4:9-11).

Ver también:

Juan 3:16; Romanos 5:8; Gálatas 2:20; Efesios 5:2.

Nuestro amor a Dios

Nosotros amamos porque Él nos amó primero. Si alguien dice: "Yo amo a Dios", pero aborrece a su hermano, es un mentiroso. Porque el que no ama a su hermano, a quien ha visto, no puede amar a Dios a quien no ha visto (1 Juan 4:19-20).

Ver también:

Juan 14:15; 1 Juan 2:15; 1 Juan 4:16; 1 Juan 3:10; Mateo 6:24; Mateo 22:37-39.

El amor al prójimo

Porque toda la ley en una palabra se cumple en el precepto: "Amarás a tu prójimo como a ti mismo" (Gálatas 5:14).

Ver también:

1 Corintios 13:4-13; Juan 13:34; Juan 15:12-13; 1 Juan 4:7-11; Santiago 2:8; Filipenses 2:1-5.

El temor

No temas, porque Yo estoy contigo; No te desalientes, porque Yo soy tu Dios. Te fortaleceré, ciertamente te ayudaré, Sí, te sostendré con la diestra de Mi justicia (Isaías 41:10).

Ver también:

2 Timoteo 1:7; Josué 1:9; Isaías 43:1-3; 1 Juan 4:18; Romanos 8:9-15; Filipenses 4:6-7; Salmos 23:4; Mateo 6:34; Lucas 12:22-26; Deuteronomio 31:6.

Apéndice F

Cursos gratis de estudio de correspondencia bíblica

S olo hace falta marcar la casilla que corresponde al curso deseado, rellenar el formulario y enviárnoslo por correo. Enviaremos entonces la primera lección del curso solicitado. Nuestros cursos actuales son:

☐ **Fundamentos básicos de la Biblia:** ¿Qué dice la Biblia sobre el perdón de los pecados y el nacer de nuevo? (1 lección)

☐ **El ABC del crecimiento del cristiano:** Seguridad, Biblia, iglesia, andar diario, enemigo, familia, Dios, Espíritu Santo, el camino a dar testimonio y Sion (24 lecciones breves)

☐ **Dificultades de la vida:** Sabiduría bíblica para vencer al temor, el orgullo, la duda, la ira y la preocupación (3 lecciones)

☐ **El Libro de los Libros:** Consideramos la historia, costumbres, geografía y sistema de medidas de los tiempos bíblicos. Vemos cómo es que se condicen el Antiguo Testamento y el Nuevo Testamento. Vemos de qué manera se aplica la Palabra de Dios a la vida de hoy (13 lecciones)

Cut here

☐ **Estudio de los fundamentos:** Estudiamos qué dice la Biblia sobre temas fundamentales como el nacer de nuevo, el perdón, los amigos, la oración, la vida eterna, el quebranto, la sabiduría, la mentira, la salvación, el juicio, el hogar cristiano, la victoria y cómo volver a enderezar nuestras vidas (3 lecciones)

☐ **Estudio versículo a versículo:** Un viaje versículo a versículo por porciones o la totalidad de los libros de Juan, Efesios, Colosenses, 1 Juan, Tito y Lucas (9 lecciones)

☐ **Estudio de temas:** Estudiamos lo que dice la Biblia sobre temas como la forma de orar, la Biblia que es la Palabra de Dios, la fe, la lucha contra la soledad, la duda e incredulidad, contra la tentación, el odio y más (12 lecciones)

Nombre:_____

Domicilio postal: _____

Ciudad:_____Estado:____Código postal: _____

Fecha de nacimiento: _____

Asegúrate de haber marcado la casilla correspondiente al curso deseado.

Envía por correo esta página a:
Plowman's Academy
PO Box 128
Savannah, OH 44874

Nota aclaratoria: Por los momentos, todos los cursos aquí mencionados están disponibles solo en ingles.

Acerca del autor

J oe Keim nació en Ashland, Ohio, donde pasó también su niñez. Se casó con Esther Keim en 1986 y abandonaron su comunidad amish del Viejo Orden en 1987. Tienen dos hijos adultos, Jonathan y Rachel. En 2001, Joe dejó de trabajar como tornero para dedicarse al ministerio a tiempo completo. Los Keim viajan recorriendo todo el territorio de los Estados Unidos, dando conferencias en iglesias, hospitales, ante fuerzas de seguridad y universidades para ayudar a la gente a comunicarse con los amish.

A través del testimonio personal, los estudios bíblicos en hogares, las reuniones de oración en hogares, el Club de la

Biblia, el boletín Amish Voice y el Ministerio en Audio, los Keim quieren que toda persona amish llegue a oír el claro mensaje de la salvación. MAP ofrece consejería y protección a los que son víctimas de abuso sexual, mental y físico. El ministerio también brinda ayuda con necesidades como cursar la escuela secundaria, conseguir un certificado de nacimiento y encontrar un empleo. Solo con el Club de la Biblia, más de 2.500 amish se han comprometido a seguir a Cristo.

Fotografías

Los catorce hijos nacimos y crecimos en esta casa de dos pisos que sigue existiendo hoy. Durante años, mis abuelos también vivieron en una parte de la casa.

Nuestro granero.

Vista aérea del lugar de nuestra comunidad. Mirando con atención, se puede ver el estanque donde atrapábamos ratas almizcleras y nadábamos por las noches cuando habíamos terminado con nuestras tareas. No es este el estanque donde se ahogó Leander.

Este es el taller donde aprendí todo lo referente a máquinas y soldaduras. Después de haber dejado la comunidad amish, mi capacitación siguió como tornero y allí aprendí a hacer troqueles progresivos. La empresa me envió a Chicago para aprender a usar máquinas EDM de electroerosión. Aprendí también a usar equipamiento CNCM y a diseñar con AutoCAD.

Nuestra cocina y área del comedor. En ese lugar se reunía toda la familia en torno a la mesa tres veces al día a la hora de las comidas. Las cortinas, oscuras, como era obligación.

En esta foto se ve a mi caballo Mike, tirando del carro de dos ruedas que yo construí. Crist Byler y yo fuimos compañeros de escuela. Él dejó a los amish a los 18 años y se enroló en el ejército. Cuando salió del ejército, Crist se quedó en el estado de Washington.

Tomaron esta foto cuando yo tenía 18 años. Este Chevrolet Monte Carlo fue mi primer auto. En ese momento pasaba por la época más oscura y difícil de mi vida.

Joe a los 18.

En esta casa creció mi esposa Esther. También es el lugar donde vivimos durante nueve meses antes de dejar a los amish por última vez.

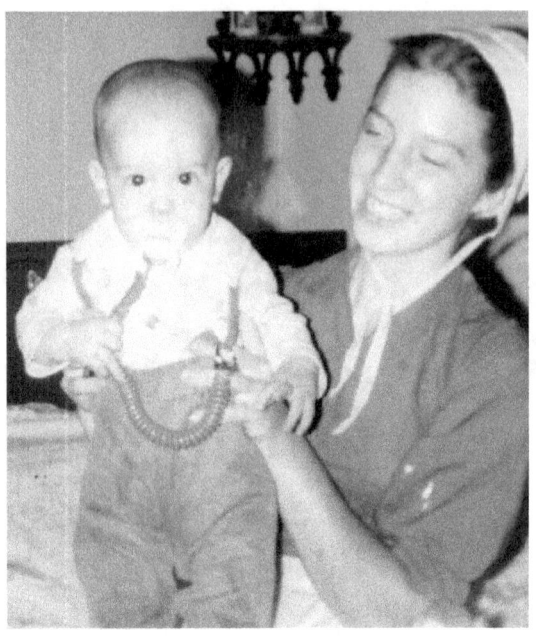

Estas fotos son de cuando Esther tendría unos 18 años
(antes de que nos casáramos).

Nos tomaron estas fotos unos tres meses después de nuestra boda en 1986.

Hasta que llegamos a la entrada de su casa con nuestro carro y caballo cargados con nuestras pertenencias, no habíamos oído hablar de estos desconocidos: Jerry y Carol Gess. Pero desde el primer día nos recibieron como parte de su familia.

En esta foto están los cuatro hermanos Keim que ya no son amish. Joe y Esther, William y Jenica, Johnn y Miriam, Perry y Maryann, Jonathan y Havilah, David y Rachel, nuestra nieta Lily y nuestros sobrinos y sobrinas.

Foto de cuando Rachel hizo votos por permanecer sexualmente pura hasta el día de su boda.

Este es Samuel Girod, el día posterior a haber dejado a los amish y venido a vivir con nosotros. Tenía dos propiedades y un negocio en sociedad con su padre. Cuando dejó a los amish, lo único que trajo consigo fueron los dos bolsos que lleva en la foto.

Esta foto es del día en que dejamos nuestros autos a un kilómetro y medio del lugar donde se hizo la reunión familiar. Fuimos caminando a la casa de mi hermana Ella, nos vestimos con ropas amish y luego cruzamos a pie el campo para reunirnos con los Keim, mi familia. Aquí, nuestra familia, mi hermano William y su familia, Johnny y su familia y Perry y su familia. La reunión fue en julio de 2008, veinte años después de que Esther y yo dejáramos a los amish por última vez.

Esther y Joe, hoy.